잘 하고 있는 거예요. 엄빠!

잘 하고 있는 거예요,
엄빠!

이야기 윤지혜
그 림 윤득희

스토리하우스

엄마의 딸이라 자랑스럽고 행복 그 자체! 엄마의 작가로서의 출발을 응원

합니당 항상 내 꿈을 믿고 지지해줘서 너무 너무 고마워요 사,,,랑합니다♡

기쁨 1호

삽화 작업후기

지난해 삽화 작업이 본격적으로 시작되었을 때,

글에 대한 내용을 공유 받고는 내 그림이 글과 어울리지 않는 것은 아닐까,

고민이 앞섰지만 작가님의 끊임없이 노력하시는 모습과 응원 덕분에 포기

하지 않고 무사히 작업을 마무리할 수 있었습니다.

한동안은 개인적으로 성공보다 좌절이 많은 시간이었으나 다행스럽게도

그 기간 동안 글 속의 상황에 공감하고 그림으로 표현하며 어느새 위안을

얻고 다시 힘을 낼 수 있는 계기가 되었습니다.

처음에는 낯설었던 타인의 이야기가 결국에는 용기를 얻고 나아갈 수 있는

소중한 이야기가 되었듯 이 글을 읽게 될 모든 분들에게도 의미 있게 남게

되기를 바랍니다.

감사합니다.

그린이 윤득희

격려글 & 추천사

고대 시대에 성전을 건축할 때 '다림줄'이라고 하는 측량용 줄자가 있었다. 이는 성전 재건의 상징과도 같았다. 서로에 대한 사랑과 신뢰와 감사가 많이 사라진 이 시대에, 현대의 다림줄과 같은 작지만 없어서는 안 되는 꼭 있어야만 하는 것은 무엇이 있을까?

'잘하고 있는 거예요. 엄빠!'

인생의 하프 타임에 작가가 자신의 삶을 돌아보며 진솔하게 이야기 할 수 있는 용기에 큰 박수를 보낸다. 어떤 이 에게는 상처가 상처로 끝날 수 있지만 어떤 이 에게는 상처가 별이 되어 어둠을 밝혀 주기도 한다.

삶의 중요한 변곡점 마다 하늘 아버지께서 부어 주시는 은혜로 말미암아 올바른 선택을 할 수 있는 용기와 지혜를 주시리라 확신 한다. 치열한 삶의 현장에서 정서적 안정과, 영적 에너지를 충전할 수 있는 이 책을 자신 있게 추천 드리고 싶다.

2021년에는 은혜의 무한 지평이 활짝 열리기를 간절히 소망해 본다.

고3때 담임 유명현

"잘 하고 있는 거예요, 엄빠!"라는 책을 만남과 동시에 모든 엄빠들과 부모들은 공감과 격려의 선물을 받게 될 것이다. 윤지혜 작가는 그녀의 실제 삶을 토대로 한 본 에세이 속에 공감이 무엇인가를 참으로 진솔하게 담아내었다. 공감(empathy)이라는 단어의 원어적인 의미는 empatheia, 즉 '안으로부터 고통받는다(suffering in/into)'의 뜻이다. 동정심을 나타내는 'sympathy'의 'sym-(함께)'보다 'em-(안으로)'를 강조한 것이 공감이다. 이 책 속에서 독자는 작가와 함께 울고 웃으며 얕은 동정심이 아닌 작가의 마음 안으로부터 고통과 외로움과 희망을 동시에 느끼게 된다. 이것이 진솔한 공감이다. 진솔한 공감이 있는 곳에는 치유가 있다. 윤작가의 에세이와 공감하는 모든 엄빠들과 부모들에게 치유의 따뜻한 빛이 그 내면으로 스며들 것을 확신한다. 윤작가의 기쁨1이 엄빠인 윤작가에게 "엄마도 노력하고 있잖아"라고 공감해주었던 것이 가장 큰 힘과 소망이 되었던 것처럼...

웨스트민스터 신학대학원 상담심리학과 주임 박은정 교수

이렇게 담담해 지기까지 얼마나 많은 눈물을 흘리고 아팠을까...

너의 고통과 상처의 깊이를 감히 헤아릴 수 없는 나는

그저 뒤에서 너를 응원할 뿐이다

지혜야 넌 잘하고있어 ~

반평생을 함께 한 친구 이영애

참 잘 하고 있었구나. 우리 지혜!

나른한 일요일 오후~

서귀포 강정동 앞바다에 파도치고 거칠게 비가 내린다.

크리스마스날에는

너무나 화창하게 맑은 하늘과 잔잔하고 푸른 바다가 설레는 오후였는데...

우리들 삶이 다 그런가 봐

맑고 맑다가 흐리고, 화창하고 화창하다가도 천둥과 번개가 몰아치는 거친 날이 있고...

그렇게 왔다 갔다 하며

굳은살과 견뎌낼 힘이 생기고, 희망을 꿈꾸며 잘 하고 있는거야 하면서 현재의 상황에 함몰되지 않고 감사하며 살아내야지 다짐하게 된다.

오늘도 삶을 배운다. 너에게...

천둥치고 비 오는 바다에서 지혜의 역사를 들여다보며 뭉클하고 많~이 울컥했다.

무겁고 아팠던 지난 시간 살피지 못하고, 좀 더 힘이 되지 못한 내가 부끄럽고 미안했다.

언니는 말이야~

삶에 어떤 날이 와도

이제는 '그쯤이야~~~' 받아들여 넘길 수 있는 자신감과 여유,

무너지다가도 당당하게 다시 일어설 수 있는 용기로 무장하고 기도하며 살

아가고 있는 지혜가 너무 너무 자랑스럽고 아주 아주 많이 고맙다.

그리고

내가 엄청 많이 좋아하는 지혜에게

"참 잘하고 있는거야 지혜!"라고 응원한다.

2021년 새해에 만나게 되는 우리 지혜의 삶이 나에게 그러했듯 또 다른 사

람들에게 위로가 되고, 따뜻한 힘이 되고, 살아가는 희망이 되고, 더 튼튼

한 자존감을 만들어 가는 에너지가 되길 소망해 본다.

2020. 12. 27. 언니가
꼼꼼이로 키워준 언니 김우영

이 책의 저자 윤지혜 (기쁨이, 막둥이 엄빠)는 같은 직장 동료로, 동생으로

23년 동안 지켜봐 온 들꽃처럼 아름답지만 강하고 아름다운 하나님의 사람

입니다.

힘들고 어려운 시간들을 하나님 앞에서 묵묵히 신앙으로 이겨내며 누구보

다 씩씩하고 당당하게 두 자녀에게 넘치는 사랑으로 신앙적으로 정신적으

로 큰 힘이 되어주며 아빠, 엄마의 역할을 넘치도록 해낸 동생의 아름다운 여정이 책으로 출판된 것을 기쁜 마음으로 축하합니다.

이 책은 엄빠로 10년이 넘는 세월의 어려움 속에서 자녀들에게 당당하고 자랑스러운 엄마로 살아낸 저자가 회복과 희망의 근원인 하나님과 동행하며 살아낸 깊고 아름답고 진솔한 고백들을 담고 있어 힘든 세상을 살아내고 있는 많은 엄빠들께 다시 용기와 희망을 갖고 일어설 수 있는 축복의 통로가 되리라 믿습니다.

사랑하는 동생 지혜야~
아이들에게 힘과 용기를 주는 자랑스러운 엄빠로
자신의 꿈을 위해서
어떤 어려움 앞에서도
포기하지 않고
최선을 다하는
열정적인
삶을 살아가는
사랑스런 동생의 꿈을 마음 다해 응원 한다~~♡

2020년 12월 23일
동료에서 언니로 함께하는 홍은지

동기로 시작해서 언니로 동생으로 함께하며

배울 점이 너무 많은 언니 같은 예쁜 동생 지혜야~~

엄빠로 살아가는 모든 사람들에게 힘이 되는 책이 될 거야!

사랑해^^

경원 언니가

제목 '잘하고있는 ....'를 보는순간 역시 샘이구나 싶었어요^^

저는 늘 답합니다.

역쉬 잘~하고 있는 샘 !

언제나 어떤 상황에서나 자신에게 하는 질문을

드디어 다른 사람들과도 공유하시는군요^^~ 축하드려요

앞으로도 쭈~~ 욱 계속 잘하시기를~~~~~~~

그동안의 노력이 디딤돌이 되어 앞으로의 삶에 등불이 되길~~~

교육담당자에서 언니로 함께하고 있는 정진영

언니가 보내준 이야기를 읽어 내려가다 보니 처음 꼬물꼬물 우리 막둥이를

만나며 함께 보냈던 그 시간들이 떠오르며 내 입가에 미소가 지어졌어. ㅋ

ㅋ.

책속으로 깊이 들어가면서는 눈물도 나고 가슴이 뭉클뭉클 해졌었어.

지혜언니 참 많이 수고하고 애썼어. 정말 대단하다.

이야기에 삽입된 그림들 보면서

지혜언니. 기쁨이, 막둥이와 똑같아서 이야기에 더 빠지게 되더라.

하나님이 정말정말 지혜언니를 사랑하시는구나! 를 알 수 있었어. 사랑받고 있음을 깨닫게 하시고 감사를 고백하게 하시며 세상 사람들에게도 나누게 하시는 큰 용기까지 주셨잖아. ㅎㅎ

아쉬움과 여운이 남는 다음의 이야기를 기대하게 되더라. ㅎㅎ

돌이켜 생각해 보니 우리의 인연은 하나님의 계획 가운데 계셨음이 분명한 것 같아.

앞으로도 서두르지 않고 긍정적으로 힘차게 오직 하나님만을 의지하며 나아 갈 언니를 기도하며 응원할 게. ^__^

말레이시아에서 성희가

그동안의 노력이 디딤돌이되어 앞으로의 삶에 등불이되길~~~믿음의 동역자로 믿음의 선배로 도전하는 모습이 부럽고 또 자랑스럽습니다. 아직 부모가 되어보진 못했지만 누나 이름처럼 지혜로운 영적, 그리고 육적 부모가 될수있도록 또 한번 도전해보겠습니다.

사..사..사..랑합니다. 주님안에서

봉다리 만드는 교회동생 백승민

다년간 지혜 누나를 보면서 항상 드는 생각은 정말 어른스러운 사람이다라는 것이었습니다.

이 책은 저 뿐 아니라 이 시대를 살아가고 있는 많은 분들께 큰 힘과 위로가 될수 있을것 같습니다.

모두가 처음이기에, 삶이 어려울 수 있지만 글을 읽으며 이 책 제목처럼 스스로 격려하며 다독일 수 있는 시간이 되었으면 좋겠습니다.

사진 찍는 교회동생 이영준

두려워하지 말라 내가 너와 함께함이라 놀라지 말라 나는 네 하나님이 됨이라. 내가 너를 굳세게 하리라 참으로 너를 도와주리라 참으로 나의 의로운 오른손으로 너를 붙들리라.

－이사야 41장 10절－

하나님께 가까이함이 내게 복이라.

－시편 73편 28절－

작가님께서 써 내려간 글들이 많은 이들에게 큰 감사와 위로가 되길 소망합니다~~^^

이혜경

아이들에게 고기 한 번 맘껏 못 먹여주고 학원도 못 보내고 예쁜 옷도 못

사주고 그저 가성비 좋은 제품, 질보다 양이 많은 식품만 눈이 벌개져서 찾

아다니며 이런 삶이 신물 나도록 지겹고 한탄스러웠을 때 넋두리하듯 기도

했습니다.

'아빠, 저도 애들한테 고기 실컷 먹여주고 싶어요. 예쁜 옷이랑 신발이랑

가방도 사주고 싶어요.'

그때 제 가슴속에 너무나도 선명하게 응답이 들려왔습니다.

'나도 그래. 나도 아빠야.'

아! 아빠였어요. 맞아요. 저 사랑하는 딸 맞죠? 제가 이렇게 사는 거 아빠도

지금 맘이 찢어지게 아프신 거죠?

아빠도 나 때문에 아프시데.

우리 아빠는 다 갖고 계신데.....

그럼 이 시련은 시련이 아닌 거구나. 내가 거쳐 가야 할 성장과정일 뿐이구나.

아이가 줄넘기 배우느라 다리근육이 찢어지게 아플 때,

친구들하고 싸우고 울고 힘들어할 때,

수험생 기간 동안 몸도 마음도 지치고 좋은 성적 받지 못해 힘들어할 때,

이런 모든 순간에 우리는 아이의 일에 개입해서 대신 해줄 수 없습니다. 대

신 해준다면 아이의 성장을 방해하게 될 뿐이지요. 내 아버지 또한 이 모든

상황 속에서 도깨비방망이처럼 금 나와라 은 나와라 뚝딱 해주시지 않지만, 늘 지켜보시며 위험한 순간에 보호하시고 내 작은 신음에도 응답하시고 결국엔 좋은 길로 인도하시며 내 성장을 돕고 계신 분이란 걸 단 두 마디 그 응답으로 다 알아버린 겁니다.

'나도 그래. 나도 아빠야'

넘치는 감사와 기쁨에 눈물이 흘러나오고 가슴이 터질 것 같았던 그 경험은 저만의 것은 아닐 것입니다. 우리 각자의 성향대로 세밀하게 만나주시는 아버지는 우리 지혜 집사님의 삶 속에서도 동일하게 넘치도록 부어주시고 계셨습니다.

짧지만 가볍지 않은 고백들을 읽으며 짐작은 했지만 묻지 못했던 나날들, 너무 의젓하고 착해서 안쓰러운 아이들, 아빠 마음으로 지켜보셨을 주님의 모습이 파노라마처럼 펼쳐졌습니다. 이 고백이 세상에 나오는 것은 또 얼마나 아프고 힘든 일이었을까, 한줄 한줄 써내려가며 그날의 아픔을 반복하며 몇 번이나 던져버리고 싶었을까 묻지 않았고 말해주지 않았지만 알 것 같았고, 감히 안다고 할 수 없어서 미안해졌습니다. 이거 꼭 써야하나요? 하기 싫어 떼쓰며 울었을 거라고도 생각되구요. 저 또한 이런 글을 쓰라면 옛 상처들 꺼내기 싫어서 너무 아파서 대들었을 것 같거든요. 옛 상처와 기억을 꺼내는 과정이, 그토록 하기 싫은 그 과정이 치유와 자유를 주는 것임을 경험해보았기에, 아팠지만 결국엔 제게 너무나도 큰 유익이 되었기에 이 책이 지혜집사님에게 치유와 회복의 시간이 되었을 것임과 비슷한 아픔을 겪는 다른 이들에게도 동일한 은혜가 임할 것임에 감사합니다.

책을 펼치자마자 저를 강타했던 구절로 이 글을 마치고자 합니다.

"실망스러운 하루도, 가슴 벅찬 하루도, 낙망스런 하루도 다 아이와 잘 살아보려 노력 한 흔적이라고."

은혜가 쏟아지던 낮밤을 함께 했던 정계순

차례

처음 그가 집을 나갔을 때는 꼬박 1주일을 물 한 모금 마시지 않고 다락방 문 밖으로 한 발짝도 나가지 않았다.

사랑했다고 믿었던 사람에 대한.

나를 예뻐한다고 생각했던 법적 식구들에 대한 배신감만이 나를 온통 휘어 감고 있었다.

'내가? 이혼을?' 아이에게 아빠가 사라진다는 사실보다 내가 이혼녀가 된다는 것이 더 충격적이었다.

'내가? 나를? 진짜?'

이제 갓 초등학교에 입학한 딸아이가 이 시간 속에는 없다. 임신초기에 이혼을 한다고 하는 딸을 애타는 마음으로 바라보는 친정어머니도, 당시 함께 살 던 1번 조카의 옹알거림도, 그 아이를 잘 키우고 싶지만 맘대로 안 돼 속상해 하던 올케의 모습도... 열심히 살아 내려고 애 쓰던 동생의 모습도 이 일주일 속에는 없다. 내가 어두운 다락방에 웅크려 있을 때 내 방문을 두드렸는지... 내가 못 된 말로 상처를 주지는 않았는지? 아무런 기억이 나지 않는다. 온전히 어둠만이 함께하던 1주일. 내 기억에 그 1주일이 끝나던 아침이었다. 내가 믿고 의지하던 아바 아버지가 주시는 메시지가 확실했다! 어두움 속 내 눈앞에 아이 아빠의 어려서부터 삶이 나 어릴 적 보았던 영사기 필름 돌아가듯 휘리릭 보여졌다. 이제는 더 이상 나올 것도 없을 것 같던 눈물이 흐르고... 1주일 간 요동치던 마음의 파도가 잔잔해 졌다.

아!

그가 그냥 이.해. 되었다.

그리고 내 머릿속에 정확히! 이 책 제목을 새겨 주셨다.

『잘하고 있는 거예요! 엄. 빠!』

너와 같은 처지에 있는 가정의 부모에게 힘이 되어주는 책이 될 거라 하셨다. 또 같은 상황의 부모와 아이들이 현재의 상황에 함몰되지 않고 감사로 살 수 있도록 돕는, 그들 안의 가능성을 보도록, 지금 내가 할 수 있는 것에 에너지를 사용할 수 있도록 돕는 교육. 더 튼튼한 자존감을 만들어 갈 수 있도록 돕는 교육을 하라고.

'하! 말이 되요? 제 학력으로 그런 교육을 어떻게 해요? 더군다나 지 가정 하나 제대로 못 지킨 사람 강의를 들으러 오겠어요? 그리고 아버지!! 하! 참! 아버지도 아시잖아요! 저 빚 빼고 나면 아무것도 없는 거. 제가 돈 되는 일을 해도 모자랄 판에 그런 상황에 있는 사람들이 어떻게 제 강의를 돈 내고 들으러 오나요?'

경제력은 물론 육체적, 정신적 건강에도 자신이 없었다. 나의 스펙 또한 하찮아 보였다. 이런 내가 아무리 노력해도 그 나락을 헤어 나올 수 없을 것 같은 이런 나에게? 나의 하나님이 나에게 주는 명확한 메시지임은 느낄 수 있었다. 하지만! 인정할 수 없었다.

'해도 해도 너무하시네 . . . 하!'

위로 위로 삿대질을 퍼붓고 나니 속이 후련했다.

"어? 기쁨이는?"

그제야 방 문 밖에서 악다구니 하던 나에게 들리던 아이의 자지러지던 울음소리가 생각났다. 엄마 아빠의 거칠게 통탕거리며 목청껏 싸우는 소리를 처음 들어 본 큰 아이의 놀란 울음소리가 귀에 쟁쟁했다.

더는 그렇게 있을 수만은 없었다. 그렇게 털고 일어나서 나는 그 아침의 비전과 사명은 잊고 지냈다. 이제 막 초등학교를 입학한 딸아이와 뱃속 아이를 낳고, 키워야 하는 현실을 살아내는 것이 더 중요했다.

이제 초딩 기쁨이와 뱃속 막둥이랑 같이 살아왔던 지난 10여년의 이야기를 시작해 보려고 합니다.

이 책을 통해 나로 인해 아이가 힘들어 졌다며 미안해하는 누군가에게, 온전한 가정 속에 살아갈 수 없게 만든 나를 자책하는 엄빠를 해내고 있는 편부모가정의 가장에게, 지금 그 모습 그 자리에 함께 하는 것 만 으로도 잘하고 있는 거라는 응원을 더하고 싶다. 실망스러운 하루도, 가슴 벅찬 하루도, 낙망스런 하루도 다 아이와 잘 살아보려 노력 한 흔적이라고.

그리고, 나와 늘 동행하셨던 하나님의 사랑이 이 책을 선택한 여러분에게 전해지길 기도합니다.

잘 하고 있는 거예요 엄빠!

나에게 결혼 이후의 삶들은 내가 살아오던 삶의 방식을 완전히 바꾸어 놓았다. 매달 들어오는 월급에서 적금과 용돈, 사야 할 것들에 대한 지출 계획, 비상금을 계산하고 예비하던 나의 삶의 패턴이 무너졌다. 결혼하면 매 달 들어오는 돈을 살뜰히 모아서 집도 늘려가고, 다른 사람들처럼 여행도 다니고 . . . 나의 삶은 당연히 그럴 줄 알았다.

　결혼을 하면서 시작한 남편의 사업은 잘 되는가 싶다가 엎어지고의 반복이었다. 우리는 마트의 신선코너 냉기가림막 설치·시공 사업을 시작으로 웨딩 사진 관련 악세사리, 출력물 관련 사업, PC방, 온라인게임의 게임머니 현금화, 인테리어 사업 등. 꽤 많은 일들을 시도했다. 그러면서 살던 집의 보증금을 빼서 빚을 상환하고 시댁으로 가서 살기도 하고, 또 다시 친정 부모님 집으로, 다시 월세로 . . . 를 반복하며 살았다. 빚을 갚고 다시 심기일전하고, 다시 빚을 갚고.

　열심히 사니까 언젠가는 좋아질 거라고 생각하면서.

핑크빛 시작!
결혼, 그리고 현실

내가 사랑하는 사람과의 365일을 꿈꾸며 시작하는 결혼. 누구나 결혼의 시작은 이러할 것이다. 나도 그랬다.

나를 너무나 예뻐 해주는 남자. 부모님의 반대에도 불구하고 결혼에 성공한 우리! 나의 결혼이 실패할 거라는 건 전혀 염두에 없었던 두려움 없는 시작이었다.

남편은 결혼과 동시에 사업을 시작했고, 여러 번 실패했다. 연달은 사업실패와 경제적 어려움에도 내 아들과 살아줘서 고맙다고 말씀해 주시는 법적 어른들에게 민망했다. 내 동생과 살아줘서 고맙다는 그의 누나들이 의아했다. 이렇게 말해주는 참 좋은 법적 가족을 만난 것에 감사했다. '결혼이라는 것이 어떻게 늘 좋은 날만 있겠는가? 내가 사랑하는 사람과 살면서 서로 사랑하고 위로하다보면 어려움도 극복하고, 그러다 보면 좋은 날도 오고 그러는거지. 뭘 그런걸로 이렇게까지 나에게 고마워하시지 . . .' 싶었다. 힘들면 함께 이겨내고, 함께 잘 살아온 시간들을 같이 기뻐하며 사는게 결혼아닌가?

어느 서운하고 눈물 나는 날에는 '내가 지금 이 어려운 시기를 견디다 보면 언젠가는 그 때 잘 견뎠구나! 하는 날이 올거야! 그도 언젠가 내 인내를 알아주며 고맙다! 잘 견뎌줘서 하겠지!'생각했다. 드라마 속 힘든 형편을 헤치고 우뚝 선 여주인공 같은 피날레를 상상했다. 경제적으로 힘들다고 부부가 헤어진다는 것은 나에겐 이해가 되지 않는 일이였다. '서로 그 위기를 극복하고 살아가는게 부부지?' 그렇게 살다가 좋은날이 오면 이 시절을 회상하고 "그 때는 참! 힘들었어! 우리 참 수고 많았다." 이야기하며 함께 늙어 가는 게 부부라고.

　가끔 또 다른 의심과 불안이 엄습해 와도 '밖에 나가면 내 남자 아니라고 생각해야 결혼생활이 편하다고 했어.'라는 바보 같은 생각으로 나의 불안을 합리화 시켰다. 평범하지 않게 자라서 마음 속 상처를 안고 사는 그를 어설픈 불안감만 가지고 자극하고 싶지 않았다. 잦은 외박은 당시 인테리어 일을 하던 그 사람의 업무적인 특성 때문이라 생각했다.

내게 온 선물!
기쁨이 그리고... 기대

나는 아이를 참 좋아한다. 그래서 고3 담임선생님의 권유로 대학을 고민할 때 상업고등학교를 다니던 내게 좀 더 입학이 수월 한 실업계 특별전형이 아닌 유아교육을 지원했다. 졸업 후 진정성 있게 유아교육을 하는 유치원에서 수업 준비와 시연, 대화법 훈련 등 하드트레이닝을 받으며 교사 생활을 했다. 그래서 난 나중에 아이를 아주 잘! 키울 거라는 자신도 있었다.

　하지만 아이는 쉽게 나에게 오지 않았다. 별 기대 없이 지내던 어느 날 결혼 3년 만에 큰아이가 나에게로 왔다. 워낙에 아이가 생길 것 이라는 기대가 없던 터라 큰아이 하나 만으로도 너무나 감사했다. 늘 저질체력으로 골골하던 나는 딸아이가 3살쯤 되던 무렵 육아와 일로 인한 에너지 소모를 견디지 못하고 쓰러졌다.

　워낙 골골거리며 컸던 약체이기도 했지만, 당시 유치원교사였던 나의 일에 대한 욕심이 화근 이였다. 예민한 큰아이의 잠투정으로 밤잠을 제대로 못 자면서도 새벽까지 다음 날 수업을 준비하고 나서야 잠이 들거나, 해가 뜨는 창문을 바라보며 출근을 준비하기도 했었다. 탈진한 나는 링거를 맞지 않으면 집안에서 거동도 어려울 만큼 상태가 좋지 않았다. 병원 검사 결과에는 특별한 진단도 내려지지 않았다. 잘 고친다는 한의원을 찾아다니며 침도 맞고 약도 먹고, 회복을 위해 노력했지만 어느 정도 좋아지나 싶다가 다시 가라앉기를 반복 할 뿐 회복은 쉽지 않았다. 아이를 너무나 좋아하는 나였지만 기쁨이를 주신 것만으로도 너무나 감사하며 둘째는 아예 생각도 못하고 살던 터에

쓰러지기까지! 더더욱 나에게 둘째는 사치였다. 양방에서의 검사 결과들은 그저 고개를 갸웃거릴 뿐 이였다. 검사 수치들이 아슬아슬하긴 하지만 정상인데 이 상황이 이해가 안 된다며. 입원과 퇴원을 반복하고, 하루걸러 한 병씩 링거를 꽂고 생활하며 용하다는 한의원을 찾아다녔다. 침을 맞고, 약을 먹고 건강을 회복하기 위해 열심히 애를 썼다. 일을 해야하는 상황에 쓰러져 누워있는 내가 답답했다. 그즈음 그의 막내누나 소개로 식이요법을 병행하는 한의원을 알게 되었다. 선천적으로 면역력이 약하게 태어나 키우기 힘들 거라던 큰아이와 골골하던 나는 몇 년의 식이요법으로 상쾌한 하루를 시작하는 기쁨을 알게 되었다. 아침에 일어나는 것은 누구나 힘든 일이라 여기고 살았다. 아침이 상쾌하다는 말은 날씨가 좋아 기분 좋을 때 쓰는 말이라고 생각했다. 그런데 건강해 지니 상쾌한 아침! 이 무엇인지 알게 되었다. 다시 정상적으로 일을 할 수 있음이 감사했고, 우리의 형편이 회복되는데 보탬이 될 수 있겠구나! 는 생각에 기뻤다. 나의 건강이 많이 회복되고, 다니던 한의원 선생님은 이제 제법 건강해 졌으니 둘째를 생각해봐도 괜찮을 것 같다는 말씀을 하셨다. 워낙 골골하던 터였고, 큰

아이도 깜짝이벤트 선물처럼 감사했던 나였기에 둘째는 꿈도 꾸지 않았었다. 큰 아이를 낳고 골골하면서도 "둘째 어차피 안 낳을 거면 월요일부터 출근해."라는 유치원 원장님의 말에 그 날로 모유수유를 중단하고 곧 바로 일을 시작할 수 있었던 것도 둘째에 대한 욕심이 전혀 없었기에 가능했다. 또, 일을 하고 싶기도 했다. 돈을 벌어 형편을 빨리 회복하고 싶은 마음도 컸다. 건강해지며 예전보다 좋은 컨디션을 갖고 안정적으로 일 할 수 있다는 것이 기뻤다. 그런데 ... 둘째를 준비해 보라고? 이 이야기를 듣는 순간 둘째에 대한 욕심은 커져 갔다. 나는 들뜬 마음으로 남편에게 이 소식을 전하고 적극적으로 둘째를 준비했다. 선생님의 말씀과는 달리 둘째는 쉽게 오지 않았다. 두 번의 계류유산과 여러 번의 착상실패가 있었다. 도도동 도동 작은 북소리처럼 들리던 아기 심장 소리가 다음 달 검사를 가면 들리지 않는 일을 두 번 경험 하고, 착상실패가 여러 번 ... 혹시 유전자에 문제가 있나? 싶은 걱정이 들었다. 내가 임신유지가 어려운 사람인가? 나는 그에게 DNA검사를 해보고 싶다고 했다. DNA에 문제가 있는 거라면 둘째는 포기하는 게 맞다고. 당시 우리 형편에 꽤 비싼 검사비를 그는

구해왔고 검사 결과 둘의 DNA도 태아의 DNA도 이상이 없었다. 어렵게 선생님은 말문을 여셨다. 아무래도 엄마의 몸이 태아를 바이러스로 인식해서 공격하는 것 같다고...

기다림 기다림 그리고 온 기쁨

아직 새벽공기가 차갑던 이른 봄. 새벽기도를 가는 길 난 하나님에게 조건을 걸었다. '하나님! 이번이 마지막이예요. 이번에도 아이가 안생기면 아버지가 허락하지 않으시는 것으로 알고 큰아이만 잘 키울게요. 더 이상 둘째 갖으려는 노력 안 할 거예요!' 어린 신앙을 가진 나는 아버지의 뜻을 먼저 묻지 않았다. 내 기대를 이야기하고 그렇지 않

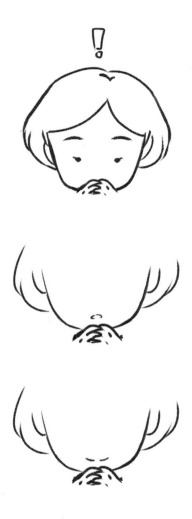

잘 하고 있는 거예요 엄빠!

3+1 = 3

    병원에서 집으로 가던 길 기억도 나지 않는 사소한 다툼 끝에 그는 휙! 돌아서 집을 나갔다. '지하철 입구까지 갔다가 다시 돌아오겠지.' 근래 투닥거림이 있긴 했지만 우리 사이에 큰 문제도 없었고, 그렇게 기다리던 둘째가 생겼는데... 더욱이 유산 징후가 보이니 조심하라는 말을 방금 듣고 온 터니 늘 그러하였듯이 나를 걱정하며 돌아

올 거라 생각했다. 길거리에서 애정표현도 서슴치 않았던 사람. 친구들이 '나는 장가 잘 갔다고 부러워한다'던 말을 해주던 그였기에 그냥 그렇게 가 버릴 거란 생각을 못했다. 어쩌면 나 혼자의 착각 이였을지도...

검은 지하철계단 입구로 사라지던 차가운 그의 뒷모습에 핑그르 어지러웠다. 빈 공사장 경계석에 앉아 하염없이 그 계단을 바라봤다.

"어디야?"

"나 이미 지하철 탔는데."

순간 나는 그동안 외면했던 그것을 해결할 때라는 생각을 했다. 어떻게 우리에게 온 아인데! 아이에 대한 감사와 기쁨은 이제 내 가정을 온전히 잘 지켜가야 한다는 결의로 바뀌었다. 그동안 보이지 않던 단호함으로 나를 길에 남겨두고 뒤 한 번 돌아보지 않고, 나의 안전 귀가를 묻는 전화도 없이! 일터로 갔지만 내가 주변정리 아니면 이혼!을 이야기하면 깨끗이 정리하고 되돌아오리라는 확신이 있었다. 나에 대한 사랑? 그래 변했다 치자! 그렇더라도 자신의 아픔을 아이들에게는 주고 싶지 않다는 이야기를 늘 하던 사람이었으니 다시 가정을 온전히 하는데 힘쓰리라 생각했다. 만약 그가 실수를 하면 너랑 기쁨이는 우리가 책임질 거니까 걱정하지 말라던 시댁 식구들이였다. 이런 말을 나에게 시댁 식구들이 할 때면 늘 마음속으로 그런 일은 일어나지 않을 거라고 생각하곤 했었다. 그런 시댁식구들이니 그의 주변 정리를 위해 내가 이혼이라는 협박을 사용한 거라고 하면 그를 타일러 집으로 돌려보낼 거라 믿었다. 또한! 당연히 나의 가정을 온전히 지키기 위한 이 설정을 도와주겠지!

그는 결혼해서 우리 가족이 서로의 생일을 챙기고, 생일에 모여서 함께 축하하려는 상황들을 의아해 할 만큼 가족에 대한 그림이 나와 달랐다. 나의 기대치와 가끔 부딪혀 내가 서운하고 속상해 하면 자신이 받아보지 못해서, 경험해 보지 못해 잘 몰라서 그러니 알려주면 그렇게 하겠다고 나에게 미안함을 표했다. "내 가정사를 듣고 나면 나를 떠나더라."라는 연애초기 그의 말이 늘 가슴에 남아있었다. 나는 그렇게 안 살 거라는 그의 다짐 또한 믿겨졌었다. 자신과 회사 동료 사진만 있는 핸드폰, 나나 가족의 전화번호가 저장되어 있지 않은 그의 핸드폰에 대한 나의 질문에 대한 그의 답변을 믿고 더 이상 추궁하지 않았다. "나 안 버릴 거지?"라고 언젠가 나에게 했던 그 문장이 이 남자에 대한 아픔으로 새겨졌던 나는 나의 단호한 제안에 다시 가정으로 돌아 올 거라는 확신이 있었다.

그의 식구들은 나의 입에서 먼저 이혼이야기가 나왔으니 나에게 책임이 있다고 했다. 어른이니 너희 둘이 알아서 하라고 . . . "저는 이혼을 하려는게 아니라 정리하고 돌아오라는 거예요. 도와주세요." 구차하지만 또 하나의 생명이 우리 가정에 허락된 만큼 이 가정을 지키고 싶었다. 시댁 식구들은 내 전화를 받지 않았다. '그래! 차라리 잘 됐다. 가계에 내려오는 악습을 우리 아이들 대에서 끊어버릴 수 있겠구나.'로 마음을 고쳐먹었다. 그 시간이 딱! 1주일 이었다. 물 한 모금 먹지 않고 울다 지쳐 잠들다 깨다 울다를 반복했던 시간.

그렇게 난 내 인생에 없을 줄 알았던 이혼을 했다. 초등학교를 갓 입학 한 딸아이와 뱃속에서 이제 형태를 보이기 시작한 막둥이와의 새로운 인생이 시작되었다.

든든한 내편 기쁨 1호!

기쁨1은 나에게 참 든든한 존재다.

내가 이 아이로 인해 힘을 받고, 회복하고, 또 굳세게 일어서게 된다. 하지만! 이것이 아이에게 부담이 되지 않게 하려고 많이 노력한다. 아이가 워낙 빨리 철이 들었던 터라 나의 이런 마음이 전달되면 아이가 아이같이 크지 못할까봐 두려웠다. 내 아이가 다른 아이들처럼 그저 해맑게 컸으면 했다. 그런데 아이는 이미 철이 들어 있었다. 아이는 무언가 먹고 싶거나 사고 싶은 것이 생기면"엄마 저 핫도그하나 사주실 수 있어요?"하고 먼저 물었다. 사고 싶은 장난감을 한참을 들여다보는 아이에게 "사고 싶어?" 물으면 "아니요! 오늘은 장난감 사는 날 아니잖아요." 했다. 나는 여유가 없어 풍족히 주지 못함을 올바른 경제 교육을 하고 있다고 스스로를 위로했다. 말귀를 잘 알아듣고 바르게 자라주는 아이의 모습에 사람들이 아이가 너무 일찍 철이 들었다는 말을 할 때면 못 들은 척 아이가 잘 큰 걸 저들이 시샘하는 거라 되뇌이며 그 자리를 서둘러 떠났다.

하늘만한 낙담에 눌려 금방이라도 땅 속으로 사라져 버릴 것만 같은 날이면 나를 다시 회복시켜 주는 말이 있다.

"엄마는 노력하고 계시잖아요 . . ."

기쁨1이 7살 쯤이였을 때로 기억한다.

내 심장에 **노.력.**이라는 단어가 문신처럼 새겨진 건.

이야기가 나의 인내와 노력에 대한 온전한 칭찬인 줄 알았다. 종종거리며 사는 모습을 보여주고 싶지 않았다. 어떻게 그렇게 온유하게 잘 사냐는 말은 나를 더욱 포장하게 하고, 그렇게 내 힘듦을 감추느라 나는 예민할 대로 예민해 져 가고 있었다.

그 시절의 나를 떠올려 보면 그렇게라도 꼬아 생각하며 살아서 그 시간을 견뎠나? 싶을 만큼 찌질이었다.

빵가게에서 풍족하게 빵을 담는 가족의 모습을 보면 저~~ 밑바닥부터 부아가 치밀어 올랐다. 그 모습이 부러워 부러워 질투가 나고 화가 났다. 그들의 그런 평범한 일상이 나에게는 고민과 고민을 거쳐야 하는 시간이라는 것이 화가 났다. 그리고 나면 내 아이가 원하는 아주 사소한 것! 기본 적인 것조차도 주머니 속을 한 참 계산해야 해 줄 수 있는 나에게 화가 났다.

그 무렵 닉부이치치가 출연하는 다큐멘터리를 보며 적극적으로 삶을 살아가는 그의 모습이 그의 노력의 결과로 보이지 않았다. 성하지 않은 몸으로 써핑을 하는 그를 보며 '참! 민폐다! 저거 성공해 내려고 옆에 사람들은 뭐야? 긴장하고 대기타야하잖아. 지야 자기가 하고 싶은 것 하는 거라지만 물에 빠질까봐 옆에서 대기하고 . . . 참! 민폐다 민폐. 이기적이야!' '저렇게 인성이 좋은 부모를 만났으니 저렇게 클 수 있었지.' '재활을 감당 할 경제력을 가진 부모를 만났으니 정상인 보다 잘 컸지.' 그렇게 삐딱한 시선으로 다큐멘터리를 시청했다. '저런 마인드로 양육할 수 있는 부모를 만났으니! 장애가 있는 너를! 하고 싶은 것을 할 수 있도록 뒷받침 할 수 있는 재력을 가진 부모를 만났 으니! 전 세계를 돌며 동기부여 강의를 하는 강사로 성공 할 수 있었 던 거지! 사람은 돈만 있으면 안되는 게 없어.'라며 그의 역량과 노력 을 깎아내렸다. 참 찌질의 끝판왕! 이였다. 마음이 이렇게 꼬일대로 꼬 이고 화로 가득 차 있었으니 . . . 하지만 밖에서는 나의 그런 모습을 다른 사람들에게 들키고 싶지 않았다. 참 괜찮은 사람인 양 나의 꼬 인 속과는 전혀 반대의 언어들을 사용하며 잘난 척, 고상히 잘 견디는 척, 내가 이 세상 최고의 피해자이지만 다 괜찮아 모드로. 힘들어도 안 힘든 척. 밝은 척! 척 척 거리며 살아가느라 내 내면은 점점 더 기괴 해져 가고 있었다.

그 날도 베베 꼬인 그 속을 감추려 온갖 척!으로 위장하느라 지칠
데로 지쳐 집으로 돌아왔다. 무엇이 나를 건드렸는지 짜증이 있는 데
로 나 있었다. 던져지기만 해봐라!! 아주 제대로 터져버리겠다! 단단
히 벼르고 있는, 안전핀이 빠진 수류탄! 바로 나였다.

그런 내가 이 위태로운 나를 만드는데 기여한바 전혀 없는 기쁨이에게 인생 최강의 화력으로 터져버렸다. 머리는 그만 멈춰!를 외치는데 내 입술은 멈출 줄을 몰랐다. 당황한 아이의 동그란 눈과 얼어붙은 모습을 보면서 눈물이 주르륵 흘렀다. 해댈 대로 해댄 입술이 멈추고···

"기쁨아 미안해."를 겨우 내 뱉고는 방으로 들어왔다.

가슴을 쥐어뜯으며 목이 찢어질 것 같은 서러움을 토해내며 한 참을 울었다. 이제껏 안간힘을 다해 노력했던 모든 것들이 한 번에 와르르 무너져 내린 것 같았다. 너무나 형편없는 이 모습으로 내가 해오던 일을 계속 할 수 없었다. '이렇게 자격 없는 내가 이 일은 더 이상 할 수 없겠구나.' '앞으로 나는 무슨 일을 해서 먹고 살지?' 막막했다.

방문이 빼꼼이 열리고 아이가 살며시 방으로 들어온다. 내 옆에 걸터앉아 내 어깨를 토닥인다.

"엄마! 화나면 소리 지르셔도 괜찮아요. 엄마는 노력하고 계시잖아요."

이 사건은 그렇게 척으로 꽁꽁 포장 된 나를 한 방에 부셔 주었다. 아이는 나의 위선도, 실패도 아닌 나의 노력을 보아 주었다. 아이의 입을 통해 내 심장에 꽂힌 『노력』이라는 단어는 이 장면과 함께 나에게 각인되었다. 낙망하고 지쳐 멈춰 설 때 다시 출발 할 수 있게 에너지를 공급해주는 든든한 나의 비상배터리가 되었다.

하나님이 주신 아이라구요

엄빠로 삶을 시작하는 데 있어서 첫 번째 장애물은 가족 이였다.

"언니 미안해요. 어머니가 언니한테 가보지 말래요. 혼자서 힘들어 봐야 병원에 간다고 . . . 오빠도 아마 안 갈 거예요."

"사실은 지혜야 어머니한테 전화가 왔었어 . . ."

어렵게 온 막둥이는 유산기도 조산기도 심했다. 초기에는 1주일에 한 번 씩 유산 방지 주사를 맞았다. 임신을 하고 저혈압은 심해졌고, 악에 가득차서 이혼수속을 하러 다녀서 였을까? 저혈당쇼크까지.

막둥이를 만나는 날까지 입원해서 지낸 날들이 꽤 많았다. 보험도 다 해약하고 막 신용 불량을 풀었던 터라 카드도 비상금도 없었다. 정말 은혜 아니면 살아갈 수 없는 하루 하루를 살아내고 있었다. 병원비도 병원비였지만 내가 입원을 하면 초등학교에 막 입학한 기쁨이를 돌봐 줄 손길이 없었다. 엄마의 특명으로 당시 같이 살던 동생도 올케도 병원에 오지 못했고, 큰 아이도 돌봐주지 못했다. 학교가 끝나면 기쁨이는 옷을 갈아입고 다음 날 학교 갈 준비를 해서 병원으로 씽씽카를 타고 왔다. 집에서 병원까지는 어른 걸음으로 약 10에서 15분 왕복 8차선 도로를 두 번 건너고, 그 사이 횡단보도만 있는 작은 도로들을 건너야 하는 길이였다. 그렇게 병원에 온 아이는 내 옆에 엎드려 숙제를 하고, 병원밥을 나눠먹고 잠이 들었다. 이른 아침 나오는 병원밥을 나눠먹고나면 가방을 둘러메고 엄마 뱃속 동생을 향해 인사를 한다.

"아가~ 엄마 뱃속에서 잘 지내~ 누나 학교 갔다 올게~" 그렇게 아침 등굣길을 씽씽카를 타고 달린다.

기쁨아! 잘 커줘서 고마워~

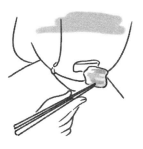

잘 하고 있는 거예요. 엄빠!

막둥이 세상에 나올 준비를 하던 날

출산예정일은 12월 중순 이후였다.

'에휴!! 욘석 1년을 손해보고 살겠네. 차라리 1월 1일에 만나자. 좀
무린가? 그냥 많이 늦게 나와라! 기쁨2야!'

출산예정일을 앞두고 마지막 정기검진을 갔다. 출산 징후가 선명하
게 나타났다.

'역시나 둘째는 일찍 나온다더니 욘석 늦게 나오라니까 더 일찍 나오려 하는군. 어쩔 수 없지 뭐.'

"이제 진통이 오면 바로 병원으로 오셔야 해요."

"네!!"했는데. 욘석!! 나올 생각을 안 한다.

다음 주 다시 병원을 찾았다.

"다음 주까지 이 상태로 머물면 감염의 위험도 있고 위험할 수 있어요. 다음 주도 이 상태면 유도분만 하셔야해요. 날짜잡고 가시면 되요."

'욘석! 엄마가 날짜를 늦게 나오라고 했지~ 언제 출산 징후가 보였는데도 계속 그러고 있으라고 했어? 말귀를 잘 못 알아들으셨네! 어여 나오자!!'

이 세상으로 나오겠다는 출산신호는 딱 그 상태에서 멈춰 다시 다음 예약일이 다가오고 있었다.

예약일을 이틀 정도 남겨둔 새벽녘. 엄마의 촉이 왔다.

'어! 오늘 막둥이 나오겠네.'

언제 입원 할지 몰라 방 모서리에 꺼내 두었던 가방에 주섬주섬 준비 해 뒀던 물건들을 챙겨 넣었다. 그런 나를 엄마는 흔들리는 눈빛으로 바라본다.

"어! 엄마가 갑자기 휴가를 낼 수가 없는데? 너 어떻게 혼자서 애 낳으려고."

"괜찮아! 그럼 애를 혼자 낳지 누군 둘이 낳나?"

두 눈에 겁이 가득, 눈시울이 붉어지는 엄마를 보며 나는 엄마를 안심 시켰다.

"이 새벽에 . . . 응급차 구급 구급차 부를까?"

"에잇! 더 급한 사람들이 불러야지! 나 괜찮아! 택시 불렀어요!"

"엄마! 기쁨이 안 놀라게 잘 말해줘. 학교 끝나면 병원으로 오라고 해요. 나 간다~"

혼자 괜찮겠니?

산모님!!
이대로는 위험해요! 계속 움직이셔야 해요!!

커튼을 휙! 침대 밖으로 발을 내딛었다.

'잉? 별거 없네.'

분만 대기실 입구 자동문 앞에서 심호흡 한 번. 후~~

대기실 문이 위이잉 열린다.

'한숨과 함께 두려움이 날아갔나?'

온 세상이 밝은 빛으로 가득하다. 평안하다.

'괜찮네! 별거 없네. 그래 앞으로 애 둘 데리고 살려면 담대해야지!!'

세상에 아가와 나만이 존재하는 듯 고요한 평안이 나를 감싸 안았다. 누구의 시선도 의식되지 않았다.

'그 동안 참 많이 단단해졌구나.' 뿌듯했다. 단단해지고 있는 내 자신이 자랑스러웠다.

부른 배를 쓰다듬으며 "이제 그만 세상에 나와야 해~ 이제 세상에서 엄마랑 같이 숨 쉬며 살자."

나와 아가는 화사함 가득한 평화로운 시간을 누리며 함께 할 세상으로의 출발을 준비 했다. 걱정을 한 내가 너무나 의아 할 정도로 알 수 없는 평안을 누리며 . . .

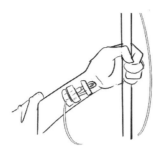

"나는 혼자인데 ...

이상하게 보겠 ... 지?"

괜 찮 을 까 ?

꼬옥!

그래! 한번 해보자!!

잘 하고 있는 거예요. 엄빠!

"나는 혼자인데...

　　이상하게 보겠...지?"

괜　찮　을　까 ?

만실의 산모들을 비하하고 싶은 건 아니다. 어디까지나 그 당시 나의 생각이였다. 충분히 감당 가능한 산통인데 너무들 오버한다고 . . .

배알이 뒤틀려서 였으리라.

커튼 밖 . . . 많은 사람들의 시선을 내가 이겨 낼 수 있을까?

이제는 안 된다며 운동을 하라는 간호사의 말에

'그래 뭐 별거 있겠어!'

영.차! 어?

커튼을 걷고 발을 내딛는 순간 평안했다.

세상에 나와 아가만 함께하는 듯 했다.

링거를 밀며 아가를 향해 이야기 했다.

"아가 이제는 나와야 해. 엄마 뱃속이 편안하고 좋지? 그런데 지금은 세상으로 나와서 엄마랑 만나야하는 시간이거든. 네가 나올거예요~ 신호를 보내고 나오지 않아서 많은 사람들이 걱정하고 있어. 이제 그만 세상으로 나오자~"

기쁨2와 대화를 나누며 복도를 거닐던 그 시간. 주변에 어떠한 것

도 나의 눈에 들어오지 않았다. 오직 아이와 나의 조용한 대화가 함께

하는 시간이였다. 온통 하얀 세상에 나와 아이만 존재하는 듯.

평.안. 딱 그 단어가 적절하다.

알 수 없는 그 평안함이 신기했다.

"지혜야 너도 이제 세상 속에 용기를 내야해!"

오늘 따라 그냥 지쳐 . . . 내 마음대로 되는 것이 없다며.

멍 때리는 나에게

나를 등 떠밀며 커튼 밖으로 발을 딛게 한!

내 허리를 감싸안으며.

부른 배를 어루만지며 함께 걸어주시던 . . . 아바 아버지

아가야 이제 나와야 해 . . .

네가 신호 보내고 너무 오래 엄마 안에 있구나 . . .

이젠 세상을 볼 시간이란다 . . .

말씀하셨었구나 . . .

혼자인 줄 알았는데.

내가 강해져서 아무렇지 않구나.

겁나지 않구나 . . . 했었는데.

옆에서 계속 날 지켜주셨던 그 따스함이 오늘 새벽에서야 보였다.

그분이 늘 함께였다는 것에 감사

또한!

이 아이가 건강하게 태어난 것이 얼마나 감사인지.

이 아이 둘을 . . . 내가 키울 수 있다는 것이 얼마나 감사인지를 . . .

알려주신다.

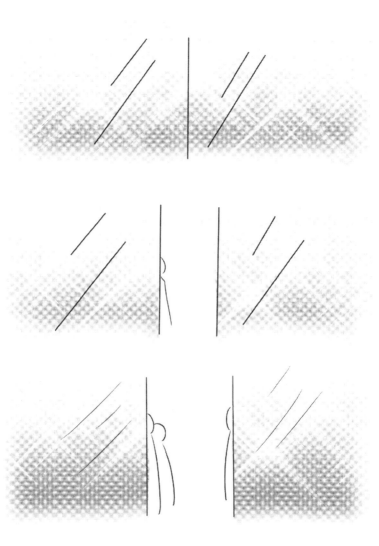

응애애 —

착한 아빠가 필요해요

엄마! 아빠를 파는 마트는 없나요?

음 ... 아빠를 파는 마트는 아니지만 그런 비슷한 곳이 있긴 해

가끔 아빠나 엄마가 필요한 사람들이 모이지 ...

엄마도 그런 곳에 가보세요.

글쎄 ... 엄마는 필요성을 아직 못 느껴서 ... 그런데 요즘 부쩍 우리 막둥이가 아빠를 찾네.

. . . 반 아이들이 아빠이야기를 많이 해요. 맨날 아빠 아빠 아빠 한
단 말이예요. 나도 아빠가 있었으면 좋겠어요.

아빠광산은 없을까요?

. . .

아빠광산이 있으면 참 좋을 텐데. 엄마 마음 안 아프게 할 착한 아
빠를 찾아오면 되니까요.

엄마 그런데 엄마는 아빠랑 다시 화해 할 생각은 없어요?

엄마는 아직 준비가 안 됐어. 이제 아빠가 밉진 않지만 아빠가 좋지
도 않거든. 그리고 그건 엄마만 마음을 연다고 되는 일이 아니야 . . .
아빠도 마음이 같아야 해. 아빠는 다른 만나는 사람이 있을 수도 있는
데 . . . 그러면 더더욱 어렵겠지?

흑 . . . 엄마는 왜? 만나는 사람이 없어?

응? ^^;;;;;

학교 급식실에서 엄마와 살고 있는 막둥이 친구가 내 아이의 이름을 넣어 노래를 부르며 놀렸다고 한다.

아빠랑은 안 살고 엄마랑 누나랑만 산다고...

선생님의 전화를 받고 심장이 진정 되질 않았다. 언젠가 한 번은 이런 일이 생길 수도 있겠다. 생각은 했었다. 같은 처지에 있는 아이가. 저 어린 아이가 어떻게 저런 가사를 만들어 전교생이 식사하는 장소에서 부를 수 있지? 아이의 엄마와 통화를 했는데 내가 허락한다면 찾아와 사과를 하고 싶다고 한다고 했다. 나는 그 아이도, 엄마도 마주하고 싶지 않았다. "제 아이에게 그 아이와 함께 진심으로 사과 해 달라고 전해 주세요. 저한테는 전화도 방문도 안 하셔도 됩니다. 다음에 유사한 일이 다시 발생하면 그 때는 학교폭력으로 대처하겠습니다." 나의 말이 끝나고 선생님이 무어라 무어라 더 말씀을 전하셨다.

삐~

아무 소리도 들리지 않는다. 전화를 내려놓는 손이 떨려온다. 예상하고 준비했던 일이지만 심장이 아린다. 그리고 아이는 사과를 받았다고 했다. 하지만 이제 그 아이랑은 놀고 싶지 않다고 했다. 자주 서

로의 집을 왔다 갔다 하며 놀던 아이였다.

며칠이 지나고 놀이터에서 놀다 땀에 흠뻑 젖어 들어오는 아이에게 "놀이터에 누가 있었어?" 물었다.

"네! OO이요! OO이랑 놀았어요~" 그 아이였다.

"OO이랑 놀고 싶지 않다며?"

"그랬는데. 그냥 화해했어요."

엄마랑 아빠는 왜 헤어졌냐는 아이의 질문에 서로 생각이 달라서 싸웠는데 화해를 하지 못 했다고 이야기 한 것을 기억하고 있었나 보다. 친구와 화해했다던 이 날 아이는 샤워를 마치고 나와 진지한 표정으로 나에게 아빠를 파는 마트 이야기로 운을 띄우고 아빠와의 화해 가능성을 물었다. 아마 어린 저도 하는 화해인데 엄마, 아빠도 화해하면 되지 않을까? 싶었나 보다. 화해도 못하는 어른이 이해가 안 됐을 법도 한 데 아이는 쿨하게 고개를 끄덕이고 다음 대화로 넘어갔다.

"아가. 엄마가 너의 의지와 상관없이 아빠가 없는 삶을 살게 해서 미안해. 네가 태어나기 전이라 너에게 설명 해 줄 수 없었어." 나중에 아이가 나는 왜 아빠랑 안사냐고 물어보면 어떻게 말해줘야 할까? 고민하고 준비해 본다. 최선의 말이 무엇인지 모르겠다. 엄마도 아빠와 함께 해 보려고 엄마 입장에서 최선을 다했는데 엄마 생각대로 되지 않았어. 엄마도 늘 지혜로운 건 아니거든. 그리고, 세상엔 생각대로 안 되는 일들이 아주 많단다.

아빠에 대한 이미지는 내가 만드는 거야!

헤어지고 나면 서로가 서로를 헐뜯느라 여념이 없는 부부 아니 전 부부들을 어렵지 않게 볼 수 있다. 그런 부부들을 보며 '아이들에게 여전히 엄마고 아빤데 아이에게 좋은 아빠, 좋은 엄마로 남을 수 있게 할 수는 없나?' 생각했었다. 이러 저러한 상처와 분냄을 치루며 이혼 수속이 끝났다. 나의 끓어오르는 감정에 아이의 양육권도 친권도 포

기하게 했던 내가 이제야 한심해 보였다. 나와는 헤어졌지만 아이들에게는 아빠인 것은 분명한 사실이다. 아빠에 대한 나의 감정이나 평가를 아이에게 전달하고 싶지 않았다. 함께 살지도 못하는데 아빠를 불편하게 느끼게 하고 싶지 않았다. 나에게도 아빠에게도 아이들이 컸을때 마음의 상처가 적기를 바랐다.

아빠의 빈자리 '하나님 아버지가 채워 주실 텐데 뭐!'

'아이들도 자라면서 성숙해 가고, 건강하게 받아들이도록 잘 키우면 되지.' 하지만 하나님이 일하시기까지! 아이들이 건강한 생각을 가지고 성장할 때까지 기다리기에는 아이가 실망할 것 같은 상황들이 나에게 너무 많이 보였다. 예상되어지는 실망을 제거하고 싶었다. 하나 하나 실망이 쌓이면 내 아이 가슴에 상처가 될 것이고, 일그러진 남성상을 가질까봐 걱정이 되었다. 일그러진 아빠의 상을 가진 남자로 성장해 건강한 가정을 만드는 것에 대한 기대보다 거부감이 생길까 두려웠다.

가족의 생일이나 대소사를 챙기는 것이 익숙하지 않은 아이 아빠였다. 아이 생일이 다가오면 생일 축하 한다는 통화 한 번 안 해줄 것이

걱정 되었다.

'아이가 실망 할 텐데 . . .' 문자를 넣어 아이의 생일을 미리 알려주었다. 아이가 반장이 되면 '기쁨이가 연설문까지 준비해서 열심히 연습하더니 반장이 됐어. 무슨 좋은 일 없냐고 넌지시 물어서 축하 좀 해줘.'

'나처럼 쿨 한 여자가 또 있을까?'

'아빠 험담도 안 하지~ 지가 안 챙겨도 아빠자리 흠집 없게 챙겨주지 나처럼 하는 사람 몇 없을걸!'

그렇게 나의 생각대로, 이혼했지만 아이에게 아빠의 자리를 만들어 주려 애 썼다.

한 동안 전화가 없어 시무룩해 하던 아이가 "아빠는 내 목소리 듣고 싶지도 않은가봐."하며 뽀루퉁해 방으로 들어간다. 아이의 표정에 화가 난다. '잘 만나러 오지도 않으면서 전화하는 게 뭐 어렵다고 저 어린애한테 전화 한 번을 스스로 안 하나?' 바로 문자를 넣는다.

- 나중에 기쁨이 결혼식 당당하게 참석하고 싶으면 지금부터 잘 해놔. 애한테 전화 한 번 해줘. 아빠 자기 목소리도 안 듣고 싶은가보대 -

최대한 감정을 배제하려 노력했지만! 협박이다.

하~ 헤어져서도 내가 이전이랑 같이 이렇게 신경을 써야 하나? 화
가 났다.

선을 넘는 엄마

내 가정이 해체되었다는 것이 참 부끄러웠다.

누구보다 잘 가꾸어 갈 자신이 있었다. 자신을 넘어선 당연함이었다. 내가! 하는 결혼 생활인데!! 당연히 행복한 가정을 꾸리며 잘 살 거라 생각했다. 그의 사랑을 믿었고, 가족의 지지를 믿었다. 나의 바름을 믿었다.

내 머릿속에 좋은 아내, 좋은 엄마, 좋은 며느리의 이미지처럼 난 잘 하고 있다고 생각했다. 난 최선을 다 하고 있다고 생각했다. 분명히 나의 노력을 기쁨이가 보아준 것처럼 저들도 그러하리라.

가정이 해체되고 나서야 나의 교만이 보였다. 그 교만이 부끄러웠다. 그런데 그 교만에서 벗어난 줄 알았던 나는 또 다른 교만함의 이미지를 붙잡았다. 악에 바쳐 배신감에 치를 떨며 사는 엄마가 아니라, 평안하고 밝게 건강하게 아빠의 험담을 입에 올리지 않는 엄마.

난 그렇게 아무렇지 않게 잘! 살거야!

그런 생각에 무슨 일이 있으면 이혼 전과 같이 문자를 넣고, 아이와 소통을 코치했다. 어느 날 텔레비전속에서 싸우는 부부의 모습을 보던 큰 아이는 "엄마! 엄마는 아빠랑 저렇게 싸운 적도 없는데 왜? 이혼했어요?" 라고 질문을 던져왔다. 순간 당황스러웠지만 뿌듯했다. 이혼은 했지만 뭔가 건강하게 이혼한 것 같은 . . . 비범한 여자가 된 것 같은 뿌듯함 이였다. 나의 문자는 계속 되었다.

'나의 문자로 애들 아빠는 아이에게 아빠 이미지를 좋게 이어 갈 것이다. 아이에게 아빠의 이미지를 망치지 않는 좋은 엄마다 난!'

늘 나와 함께 하시는 아바 아버지. But!

나의 신앙생활의 시작이 언제부터였는지는 알 수 없다. 정확한 기억이 없다. 어릴 적 할머니는 시집을 오셔서 귀신을 보셨다고 하셨다. 성당을 다니시면서 그 귀신을 보지 않으셨고, 그 이후로 열심히 성당을 다니셨다고 했다. 고2때 성당에서 세례를 받고 주일이면 미사를 봉헌했지만 난 그야말로 '일요일 신자'였다. 그렇게 나는 큰아이 돌

무렵까지 세례만 받은 날라리 가톨릭 신자였다.

그럼에도 불구하고 나에게는 하나님 아버지가 나를 사랑하신다는 확신이 있었다. 설명 할 순 없다. 그냥 그런 확신이 들었다.

결혼이후 계속 된 사업 실패로 경제적 어려움을 겪으면서 그 확신은 더 명확해졌다. 오히려 하나님은 이 세상에 존재하지 않는다며 하나님을 떠났을 법도 한 시간들 이였는데 말이다.

어느 날 쌀독을 열었는데 당장 저녁 지을 쌀이 한 톨도 남아 있지 않았다. 주머니에서는 동전 몇 백 원만이 짤랑이고 있다. 집에서 컴퓨터를 몇 대 놓고 일을 하던 때라 함께하는 친구들 밥을 해주어야 했다. 난감 할 뿐 이였다. 그 때 초인종이 울린다.

"어? 왠일이예요 선배."

선배의 어깨에는 쌀 한 포대가 손에는 튀겨진 치킨 두 마리가 들려 있었다.

더 이상 이렇게 돈을 버는 것은 아닌 것 같다는 생각이 들었다. 하지만, 이들에게 뭐라고 말을 하고 이 일을 접을 것인가? 고민이였다.

잘 하고 있는 거예요. 엄빠!

이 때 결혼 3년 만에 기대도 못했던 큰아이의 임신소식으로 신림동의 반지하 월세를 빼서 빚의 일부를 갚고, 강원도 시댁에서 마련해 준 시댁 옆 아파트로 이사를 했다.

아바 아버지는 수면 아래로 아래로 가라앉다가 이제 더 이상 숨을 쉴 수 없을 것 같을 때. 나를 수면위로 훅! 올려 주셨다. 그럴 때마다 나는 아버지가 나를 살리시는구나. 나와 항상 함께 하시는구나를 느꼈다.

내가 아버지 앞에서 예배를 드리지 않아도, 내가 아버지 앞에 겸손히 무릎 꿇고 기도하지 않아도 아버지는 항상 내 옆에 함께 하셨다. 내 마음이 아버지 멀리 떠나 있을 때는 내가 돌아오기를 간절히 바라시며 묵묵히 나를 지켜보신다. 삿대질하고, 원망하며, 소리 소리 지르면 함께 눈물 흘려주셨다.

"그래 내 딸아 . . . 마음껏 소리 지르렴 . . . 네 속이 뚫릴 때까지."
내가 세상속에 잠겨 아버지가 내 옆에 함께 하심을 느끼지 못하고 방황하고 속상해 할 때 아버지는 나를 기다리고 계셨고 . . . 내가 10번

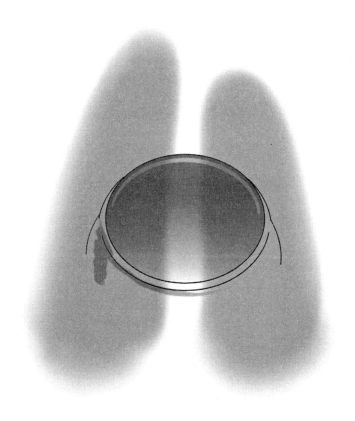

을 떠나 10번을 돌아와도 떠난 나를 벌하지 않으신다. 그 자리에서 뭘 할 수 있을지를 보게 하신다. 그리고 돌아온 나를 왜? 이제야 왔냐고 나무라지 않으신다. 그저 잘 돌아왔다. 꼭! 품어 주신다. 돌아가시지도 않은 아버지의 재산을 당돌하게 미리 달라 챙겨 나가서는 탕진하고 거지꼴로 돌아온 둘째를 반겨 맞아 동네잔치를 벌이는 아버지처럼! (누가복음 15:11~32)

그저 내가 아바 아버지 곁을 떠나지 않음을 예뻐하신다.

뭘 하며 살지?

'보증금 500에 매 달 내는 월세. 전셋집만 있더라도 어떻게 해보겠
는데 ... 하~ 어떻게 살지?'

유치원 교사도 하고, 유아음악 강사도 하던 나였지만 유치원교사도
유아음악 강사도 저질체력인 내가 감당하기 힘들 것 같았다. 더구나
나이가 들면 할 수 없는 일이라 생각했다. 그렇다고 내가 이 상황에

서 아무리 알뜰히 모은다 해도 교사 월급으로 나이 들기 전에 유치원 운영할 자금을 모으는 것은 가능성이 없어 보였다. 더구나, 곧 태어날 갓난쟁이를 어디에 맡기고 일을 하지? 막막했다. 나의 생각의 틀에 갇혀서 내가 생각한 만큼의 Jump up이나 오래도록의 지속적 수입의 유지가 아니면 불안한 일자리라는 생각에 갇혀 더더욱 그러하였다. 그때 치과에서 일하는 지인이 치과 상담실장을 하면 텃세는 심하지만 인센티브도 괜찮고 근무시간도 조정할 수 있어서 괜찮을 거라고 추천을 해 주었다. 그래! 이거야! 어찌 어찌 긁어모아 병원코디네이터과정을 가까운 간호학원에 등록했다. 잔뜩 기대를 하고 개강일 강의실 맨 앞에 앉아 다른 수강생들이 오기를 기다렸다. '어? 사람들이 늦네. 저녁시간이라 퇴근들 하고 와서 그런가?' 또각 또각 발자국 소리가 들리고 강사인 것 같은 분이 교실로 들어오셨다. 수강인원이 더 있는데 전화를 하니 취소했다고... 폐.강. 이라고...

이때까지 나의 머릿속 1번! 우선순위는 갓난쟁이를 돌보며 할 수 있는 일. 2번! 같은 시간 고효율을 낼 수 있는 일을 찾는 것 이였다. 차분히 교사를 하라는 친정어머니 같은 원장님의 말씀도 귀에 담기지

무엇도 하지 않고 있으면 너무나 불안하고 초조했다. 아이가 태어나기 전에 할 만 한 일을 지금 준비하지 않으면 나와 아이들의 앞으로 삶이 너무나 밑바닥인생일 것만 같아 두려웠다.

나의 강사로의 길은 그렇게 시작 되었다. 이 모든 것이 아바 아버지의 인도하심이라며 기뻐하며 어쩌면 이렇게 아귀가 딱딱 맞는지 모른다며 호들갑을 떨며 감사했다. 나는 당장 먹고 살 것, 내 삶의 유익만을 생각했는데 하나님은 나를 이미 당신이 주신 사명을 하게 하실 준비를 하고 계셨다.

잘 하고 있는 거예요. 엄빠!

아버지 이렇게 할래요!

주말 강사과정이 끝났다. 얼마 후 아이를 낳았고, 몸조리를 하던 중 강사과정을 했던 학원의 원장님에게서 전화가 왔다. 기획도 하고 강의도 하면서 같이 일해 보면 어떻겠냐고. 맘 편히 몸조리를 할 수 있었던 상황이 아니였다. 인턴 3개월 후 앞으로의 기획과 영업에 따른 인센티브와 강의 기회 우선 제공이라는 나의 미래고민에 대한 해법이 보였다. 나에게는 너무나 좋은 제안 이였다.

"전 PPT 하나도 못하고, 한글만 조금 할 줄 아는데 괜찮을까요?"

"와서 배우면서 하면 되죠. 나도 잘 못해요." 나의 염려와는 달리 원장님의 별 문제 아니라는 듯 속 시원한 답변이 너무나 감사했다. 후에 원장님은 내가 정말 1도 할 줄 모를거라는 생각까지는 못했던 듯한 당황스러움이 감춰지지 않았다.

일단 시작하고 보는거야!! 해야만 살 수 있어! 이 시절 나의 생각이였다. 내가 이렇게 적극적인 사람이였나? 내가 나의 모습이 당황스러울 정도로 나는 미지의 세계에 대한 두려움이 많았던 내가 아니였다. 옆도 뒤도 돌아볼 여유가 없었다. 나, 기쁨이, 막둥이 당시 함께 살던 엄마만 보였다. 난 나의 기도가 응답을 받는 줄 알았다. 내가 원하는 자리를 찾아가고 있다고! 그리고, 1년 후 프리랜서를 하면서도 난 아바 아버지께 묻지 않았다. "아버지 저 프리랜서 강사 하려면 DISC는 꼭 배워야 해요. 어떻게 하죠?" "아버지 저 대화법 강의 하고 싶어요. 강사자격이 너무 비싸요. 배울 수 있게 해 주세요." 내가 이미 결정하고 아버지는 예쓰!!만 하세요! 였다. 아버지 뜻이 아닌! 나의 뜻대로 하소서! 였다. 더욱 기고만장 했던 건 그 모든 응답에 감사하기 보다는 모자람에 늘 서운해 했다. "아버지! 아버지는 왜? 제가 100원이 필요하다고 기도하면 90원을 주시고, 이 강의를 듣고 싶어요. 하면 수강은 하게 하시면서 또 다른 어려움을 주시고, 걍 편하게 좀 넘치게 주시던지, 필요한 만큼 정확히!! 딱! 주시던지." 투덜거렸다.

나의 생각보다 잘 풀리는 것은 나의 깡과 근성때문이라고 생각했다. 나의 적극적인 영업이 나의 인센티브를 만들어 주었다며 나의 숨겨져 있던 영업 능력에 스스로 놀라곤 했다. 엄빠의 무게가 나를 이렇게 만드는가 보다! 나의 깡!에 스스로 감탄하며 두렵기만 하던 삶이 만만해 보이기 시작했다.

내가 눈물로 기도하고 간구했던 순간 순간들이 하늘에 닿음을 인지하지 못했다.

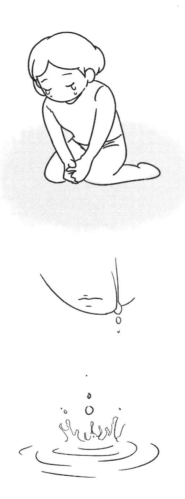

늘 보호하시는.

사람들의 관심은 나를 철벽치게 한다?

혼자 아이들을 키우면서도 좌절하지 않고! 참! 잘! 씩씩하게! 살고 있는 내가 점점 자랑스러웠다. 어찌 어찌 알게 된 나의 현재 삶을 들은 사람들은 참 대단하다며! 혼자서 그렇게 사는데 어쩜 이렇게 밝을 수 있냐며 정말 성공할 거라고! 칭찬과 격려를 아끼지 않았다.

처음엔 그 칭찬과 격려에 두 볼이 빨개졌다. 다음엔 어깨가 으쓱했다. 다음엔 "누구나 저와 같은 처지에 있으면 저처럼 살 거예요. 살아야하니까요!"라며 나의 삶이 별거 아니라며 겸손의 포장을 씌웠다. '그럼! 나니까 이렇게 아이들한테 험한 소리 안하고 이렇게 죽는 소리 안하고 살지.'속은 교만이 가득했다. 여전히 넉넉지 않은 경제적 상황이였지만, 차츰 차츰 빚도 줄어가고, 안정되어가는 듯 보이는 내 삶이 나의 애씀의 결과 같아서 스스로 만족스러웠다. '이 정도면 꽤 잘 살고 있지 않나?' 교만이 스물 스물 올라올 때쯤이면 여지없이 교만을 깨뜨리는 일들이 벌어진다.

사람들은 저마다의 촉을 가지고 있다. 내가 뭔가 다른 듯? 잘 사는 듯? 아닌 듯? 궁금증이 증폭되면 질문이 쏟아져 그 촉의 답을 찾고자 한다. 그리고는 선을 넘는 질문들을 쏟아낸다. 최대한 예의바름으로 포장해서 살짝 선을 넘는다. 종종 상대의 상황을 고려하지 않은 사적인 더하기 곤란한 질문들을 훅! 던지곤 한다.

"그럼 남편 분은 무슨 일 하시는데요?"

물론 나도 종종 하는 실수이기도 하다. 상대와 어느 정도 친해졌다고 생각하면 더 많은 것을 그에 대해 알고 싶다. 그의 사생활이 궁금해져 질문을 담은 입술이 들썩인다. 많이 곤란함을 당한 나도 같은 실수를 하곤 한다. 훅! 들어온 질문에 대해 생각한다.

'내가 나의 상황에 대해서 일부러 숨기면 오히려 더 내가 당당하지 못 해 보일거야! 뭐 혼자서 아이들 키우는 게 어때? 열심히! 잘! 살고 있는데.'

"저 애들 아빠랑 같이 안 살아요. 막둥이 임신 5주? 때~~ 부터니까 ~~"

대부분의 사람들은 여기서 눈동자가 흔들리며 어찌 할 줄을 몰라한다. 괜한 질문을 했다며 미안해한다. 또 다른 한 부류는 본인과 다르다는 이유로 또는 본인과 비슷하다는 이유로 더 깊숙이 질문이 들어온다.

"왜? 주말부부예요? 사별했어요?"

"아니요! 그냥 혼자서 애들 키워요."

"이 . . . 혼? "

가볍게 미소를 지어 보내주면 그들은

"아니 왜~~~~에? 이렇게 이쁘고 똑똑한 사람을 두고! 왜 이혼했어?"

"아니 그냥 좀 정리가 잘 안됐어요. 저도 안 하고 싶었는데 어떻게 그렇게 되더라구요."

"임신 한 아내를 두고? 그래도 그렇지 ㅓ;ㅇ ㄹㄴ0ue ... 중얼 중얼 중얼 ..."

그렇게 애들 아빠는 얼굴도 모르는 그들의 입술위에서 세상 나쁜 놈이 되어 내 귀로 던져진다. 그리곤 다음 다음 질문이 쏟아진다.

"양육비는?"

"집은? 자기 집이고?"

"월세를 살아?"

"아니 왜? 그 돈으로 저 변두리가면 방 두 칸짜리 전세는 구할 수 있을 텐데~ "

"애는 그럼?"

"방학에는?"

"아니 그렇게 일 해서 돈 벌어서 그렇게 다 나가면 애들 크면 돈 들어갈 일 더 많은데 어떻게 할라 그래?"

등 등 등 등 등

그들의 질문공세 속에서 정말 나를 많이 걱정해 주고 있다는 생각
은 들지 않는다. 지금은 있지도 않은 동네 아낙네들 빨랫터 수다마당
한가운데에서 질문세례를 받으며 끝까지 빨래를 비비며 앉아있는 꼴
같다.

"네 그러게요. 선생님. 저 걱정되시는 거죠?"

"저도 최대한 효과적으로 살고 싶은데 이래저래 쉽지가 않네요."하
며 웃어넘기며 마무리 해보려 애써본다. 또 다시 판세는 둘로 나뉜다.
하나. "그래! 고정비용을 줄여야지 중얼중얼 중얼 ..." 탄력을 받아 내
가 지금 살고있는 지출의 구조를 바꾸라며 나의 한 달 재정을 시작으
로 재혼 플랜 더하기, 노후까지 컨설팅이 시작된다.

둘. "아니 뭐 이래 저래 다 해봤겠지만 ..."하고 말끝을 흐리며 자세
한 내막도 모르면서 넘겨 훈수 한 것에 미안함을 표하거나 ...

가끔 미안함을 어찌 마무리 해야 할지 고민하던 어떤 분들은 '별거
아니야! 다들 그렇게 살아요. 힘내!' 라는 메시지를 전해주고 싶어서

당황한 눈동자를 정리하며 격려의 한 마디를 날려주신다.

"괜찮아!! 혼자서 애 키우면 어때! 나도 주말부부라 주중엔 혼자서 애 키워!! 그래서 그 마음 잘 알아!! 힘내요!!"

"ㅎ . . . (으잉?)

수많은 만남과 친해짐과 멀어짐 . . . 의 반복 속에서 경험했던 수많은 질문들. 그 질문들에 당당하지 못하면 내가 세상에서 지는 것 같았다. 담대한 척! 아무것도 아닌 척! 세상을 다 가슴에 끌어안은 척! 살았다. 그러면서 내 속에 말이라는 비수에 베인 상처에 밖으로 흐르지 못한 눈물이 스며 들어 섞고 있음을 나는 알 수 있었다.

'걱정해서 하는 말인데. 괜한 자격지심에 나 혼자 이러네 . . .'

'위로 하려고 그런건데 . . .'

'저 분은 주중에 혼자서 아이를 돌보는 것이 많이 힘들었던 게지 뭐.'

'내가 많이 가까워졌다고 생각하시나 보다 . . .' 이런 저런 생각들로 안 아파도 될 말이라며 나를 이해시켜본다. 그 패턴이 한 번, 두 번 반복되다 보니 새로운 사람들을 만나는 일이 불편해지기 시작했다. 내 체감 친밀도가 높아질수록 식사자리가 불편해지기 시작했다. 누군가와 친해져 간다는 것이 가슴 설레는 기쁨이 아니었다. 피치 못 할 일 이외에 집 밖으로 나가는 것이 반갑지 않아지기 시작했다.

즐겁지 않은 그 자리에 즐거운 척! 함께 하려니 더 밝게! 더 크게 웃었다. 말도 안 되는 농담으로 가벼움을 연출하며 명랑을 보여준다. 사람들은 내가 잘 사는 것처럼 보이면 거기에 맞춰서, 힘겨워 하면 힘겨워 하는 데로 마치 나보다 상대적 우위를 누리는 사람들 입장에서 나의 삶을 평가하고, 응원한다. 나는 그렇게 느꼈었다.

그러면서 저들은 상대적 안도감을 얻는구나! 그들의 말들이 진심이라는 것을 알기까지 꽤 오랜 시간이 걸렸다. 실은 요즘도 가끔 이런 생각을 속으로 하며 그들의 응원을 곡해하기도 한다. 어쩌면 내가 생각한 그것이 맞기도 할 것이다. 사람들의 반응은 앞으로도 지금까지와 크게 달라지지 않을지 모른다. 하지만 달라진 하나는 내가 생각한다. '나에게 도움이 되는 대처방법이 뭐지?'

"그렇죠! 저도 월세로 나가는 돈이 너무 아까워요. 그런데 아이와 관련해 이러 저러한 문제들로 고민해 보기도 하고 이것 저것 알아보기도 하고, 저희들끼리 살면서 무서운 경험들도 쌓이다 보니 이렇게 살면서 제가 좀 더 애써서 그만큼을 더 버는 방법을 찾는게 낫다 싶더라구요. 고정비를 아끼는 방법을 더 고민해 보긴 해야죠~"

나의 답변으로 그들의 궁금증이 해결 되지는 않는다. 오지랖또한 멈추지 않는다. 하지만 내 입장에서 고민 끝에 내린 최선의 결과이고 나도 늘 고민하고 살고 있는 내 문제라는 것을 내 입으로 표명하는 것과 표명하지 않는 것은 나에게 많은 차이를 준다. 내 삶의 평가를 그들의 입술 끝에 휘둘려 난 참 지혜롭지 못하게 산다며 우울해 할 것인지, 지금은 이것이 최선이지만 늘 고민하며 더 나은 최선을 찾으며 사는 나를 스스로 칭찬할 것인지.

나는 가끔 질문을 하기 전 생각해 본다. 내가 하려는 이 질문이 우리의 관계에 꼭 필요한 질문인가? 그저 나의 궁금증은 아닌가?

가끔 우리는 내가 의도치 않은 내용의 말이 툭 튀어나와 당황스러울 때 말로 수습하려하지 않아도 좋을 듯하다. 툭 입술 밖으로 튀어나온 말을 수습하다보면 말이 과해 질 때가 있다. 내 입술 밖으로 나오려하는 이 말이 지금 서로에게 필요한 말인지 한 번 더 고민해 보자. 그저 너의 삶을 응원한다!

그 눈빛으로 바라보아만 주어도 좋을 때가 꽤 있다. 아무 말 없이 토닥여 주는 손길이 충분한 응원이 되어 주기도 한다.

하~ 사람은...

  엄빠로 살면서 고민의 무게가 나 혼자에게 오롯이 지어진다는 것은
어차피 마음먹었던 터였다. 혼자서 애쓰며 살아가는 내가 안 쓰럽다
며 같이 일해서 같이 성공해 보자며 손 내민 그들과 함께 일하며 겪었
던 일들이 나를 우뚝! 우뚝! 멈춰서게 했다. 그들도 처음부터 의도하
지는 않았으리라 . . . 함께 하자던 손길이 오히려 손실과 상처가 되어

잘 하고 있는 거예요. 엄빠!

나를 아프게 했다.

한 번은 함께 일하던 한 분이 급여가 자꾸 밀려서 출퇴근도 부담스럽다며 집에서도 할 수 있는 작업이니 재택근무를 하겠다고 우리에게 인사를 하고 다음 날부터 재택근무에 들어갔다. 그러면서 대표에게 조건을 달았다며 대표는 한 숨 섞인 푸념을 했다.

"밀린 월급을 송금하지 않으면 일 한 거 안주겠답니다. 그 분이 일 한 거 안 받아도 완성할 수 있죠? 내가 돈이 있는데 안 주는 것도 아니고..."

'그래! 돈이 있으면 당연히 먼저 우리 월급부터 해결해 주시겠지.' 어느 날 그 분의 남편이 사무실로 대표를 찾아왔다. 다음 날 그 분은 밀린 급여와 재택기간동안의 급여까지 입금이 되었다.

술만 마시면 우리 집 벨을 누르고, 도어락을 삑 삑 삑 삐비빅 눌러대고, 문을 열어주지 않는다며 문을 발로 뻥! 뻥! 차대서 경찰이 몇 번 출동 한 적이 있었다. 알고 보니 앞 동 우리 집과 같은 층, 같은 위치에 사는 아저씨였다. 자기 집인 줄 알았다고... 허!

"한 번 더 그러면 즉시 구속이라고 단단히 경고 했습니다."

잘 하고 있는 거예요. 엄빠!

몇 번 출동 한 지구대 경찰분이 안내를 해 주시며 순찰 중 당분간 우리 집을 꼭 들리겠다고 걱정하지 말라며 안심을 시켜 주셨다.

"감사합니다. 고생하셨습니다. 감사합니다."

그 경고 이 후 그런 일은 다시 일어나지 않았다.

가끔 내가 어쩔 수 없는 영역의 일들이 벌어진다. 내가 열심히 잘 산다고 해결 되지 않는 일들이다. 남동생이라도 불러야하나? 격투기를 배울까? 도 생각해 보지 않은 것은 아니다. 이런 일들이 종종 나를 맥 빠지게 한다. 만원 지하철에서 사람들에게 밀려 밀려 옆 사람 어깨에 툭! 휘청! 힘없이 밀려버린다. 순간 주르륵 눈물이 흐른다.

"어!! 죄송합니다. 저도 밀려서 . . ."

괜한 사람을 당황시켜버린다.

정말 열심히 사는데 왜 이렇게 안 풀릴까?

'큰 애는 저 나이에 도서관에서 살았는데 . . . 막둥이는 책 한 권 읽어 줄 여유가 없네.'

'남자애가 집에 있는 것만 좋아하는 게 내가 체력이 딸려서 놀이터에서 많이 못 놀아줘서 그런가?'

내가 못 해주는 부분만 가슴에 사무친다.

"영어선생님이 애들 앞에서 내가 아빠 없이 엄마랑 동생이랑 산다고 이야기 했어. 엉 엉 엉."

이건 또 무슨 일인가? 심장이 지구 반대편으로 쿵! 떨어진 느낌이다.

"에구 내 기쁨이 속상했구나. 왜? 무슨 상황에서 그런 말이 나왔어?"

"내가 동생 잘 챙긴다고 칭찬하면서~~ 엉 엉 엉 "

"…"

늘 밝아서! 당당해서! 잘 살고 있는 줄 알았는데 아프긴 했었던 거다. 나도 우리 셋의 삶을 세상 속에 당당히 인정하고 살고 있다고 생각했는데 수시로 자격지심을 가지고 살고 있었다. 쿵 떨어진 심장을 제자리에 찾아 놓고 생각한다. '지금 이 상황에서 무엇이 잘못 된 거지?'

"선생님은 기쁨이가 어린데도 동생을 잘 챙기는 모습을 칭찬해 주고 싶으셨나보다."

"그래도, 우리 아빠랑 안 산다는 말은 애들 앞에서 안 해도 되는 거 잖아요."

"그러게! 그건 기쁨이 말이 맞는 거 같아. 그럼 어떻게 하면 기쁨이 마음이 편해질까?"

"나도 잘 모르겠어요."

"엄마가 선생님에게 지금 네가 한 이야기를 전해 드릴까?"

"네. 그러면 좋겠어요. 다음에는 아이들 앞에서 안 그러시게."

다음 날 나는 영어선생님과 아이와 이야기 된 부분에 대한 상황에 대해 통화를 했다. "선생님. 저희 아이 칭찬해 주시고 싶으셨던 마음 너무나 감사드립니다. 그런데 다음에는 개인적인 이야기가 포함된 칭찬은 저희 아이에게만 해 주시면 감사하겠습니다."

엄마가 행복했으면 좋겠어요.

"엄마."

"응?"

"아빠랑 결혼 안 했으면 엄마가 더 행복했을 텐데."

"아휴!! 얘는!! 무슨 그럼 끔찍한 소리를 해!!"

"?"

"그랬으면 너랑 아가도 없는 거잖아!! 아우!! 생각만 해도 끔찍하다 야!!"

'너희들이 없었으면 내가 지금의 상황을 잘 견뎠을까?'

절대!

너희들과 함께 할 수 있어서 엄마가 잘 살 수 있는 거야.

너희와 함께 라서 행복한거야!

맞다!!

초등학교를 입학했던 내 기쁨1호는 이제 주민등록증이 나왔다. 꼬물꼬물 뱃속 5주였던 아가 막둥이는 자기도 틴에이저란다. 아이들을 키우면서 서로 더 애틋! 살뜰!하게 크기를 기대했다. 나이차가 많이 나는 둘은 사람들의 이야기처럼 누나가 동생을 엄마처럼 챙기거나, 누나를 무서워하거나, 둘이 투닥 거릴 일이 없거나 하지 않는다. 또한 우리 셋의 삶을 아는 사람들은 엄마 일가면 둘이 더 애틋할거라고 기대한다. 나 또한 우린 셋이니까 더 서로를 잘 챙기며 남들보다 더 애틋하게 지내기를 바란다. 더 누나가 위엄 있었으면 싶다. 더 누나를 좋아하고, 잘 따랐으면 싶다. 특별히 더 사랑스러운 가족이길 원한다.

하지만! 우리가 넷이 아닌 셋이기 때문이 아니다.

우리는 가족이기 때문에 그렇게 살기를 원하는 것이다.

나 스스로 우리 가족의 형태를 인정하고 당당하게 살기를 다짐했으면서 남들과 다르니 더 잘 살아야 한다고 모순된 생각으로 아이들을. 나를. 옭아맸다.

단지 가족의 형태가 다를 뿐. 우리는 가족이다.

가족의 형태가 달라서 더 잘 살아야 하는 것이 아니다. 가족이기 때문에 서로 더 사랑하며 배려하며 함께 잘 살기를 바라는 것이다. 우리가 함께 라서 더 서로 아끼며 행복하길 바라는 것이다.

아버지 어떻게 할까요?

좀 더 빨리 많은 돈을 벌어서 이 밑바닥을 벗어나고 싶었다. 보험영
업도 하고, 강의도 하고, '강사가 영업하는 건 좀 그렇지.' 수군거리는
강사들의 이야기를 귓 등으로 넘기고 인터넷에서 찾은 교육 담당자
들에게 제안서도 돌리고... 영업도 강의도 없을 때는 한 겨울 칼바
람에 여기 저기 핫 팩을 붙이며 선물셋트도 팔아보고... 조금이라도

더 벌어보려고, 더 빨리 일어나보려고 아등바등거렸다. 나의 열심만큼 만족스러운 성과는 나오지 않았다.

 강의 기획을 하고, 영업을 하면서 강의도 한다는 것이 내 생각처럼 쉽지 않았다. 회사에 매여 있는 형편에 막내는 자꾸 입원을 하게 되니, 작은 사무실 전화를 아무리 돌려놓는다 해도 회사에 너무나 미안했다. '그래. 프리랜서 밖에는 답이 없나보다.' 입원이 잦은 아직 어린 아이를 돌보며 일도 하려니 한군데 매여있는 것이 쉽지 않았다. 좋은 인연의 도움으로 공공기관 고정강의도 생기고 차츰 안정이 되어가는 듯 할 때 보험영업이라는 내가 생각도 해보지 못했던 일에 대한 제안이 들어왔다. 나에게 너무나 맞지 않는 일이라 생각했었던 영역이지만 프리랜서 강사를 하면서 하기에 적합할 듯 했다. 이야기대로만 번다면 금방 빚도 갚고, 목돈을 모을 듯 했다. 예상대로 점점 빚이 갚아져 나갔다. 나에게도 드디어 비공식적인 빚도 남지 않은 날이 왔다. '이 정도 영업 성과면 당분간 강의 쉬면서 영업에 전념하면 금방 전세자금 모으겠는데?' 중요한 계약을 체결하러 이동하며 이런 생각들로 미소가 지어졌다. '이제 조금만 더 열심히 하면 편안해 지겠구나 . . .'

이동 중 영업점 친구에게 전화가 왔다. 낯설고 힘들던 보험 영업을 할 수 있게 이끌어 주었던! 의지하던 영업점 친구들의 실수로 지점이 사라지게 되었다고, 얼굴보고 이야기 하자고 . . .

그 때서야 원장친정엄마가 말씀하셨던 월급원장하면서 성실히 살다보면 좋아 질 거라는 말이 떠올랐다.

'그래 큰 돈 벌어 빨리 회복할 생각 말고 차라리 천천히 차분히 갈 걸 . . .'

'적게 벌고 적게 쓰자! 길에만 안 뿌려도 지출이 확 줄거야!'라며 다시 유치원 일로 돌아갔다. 사실 영업조직의 특성에, 사람들의 악함에 내가 진저리가 났던 게다. 내 눈에 돈벌이에 혈안이 된 자들, 돈이 되게 만들려면 마음으로 믿고 의지하는 사람도 이용하는 조직의 모습이 싫어 그 세계를 피하고 싶었다.

내가 갖고 싶은 자격증은 시험을 통과하지 못하면 같은 시험을 합격 할 때 까지 도전과 실패를 반복해야 한다. 인생도 그러한 것 같다. 내가 피하면 다른 유형의 같은 문제가 내 앞에 나타난다. 유치원으로 돌아갔지만 나의 생각과는 또 다른 문제들이 여기 저기서 벌어졌다.

또! 다시 강의를 시작했다. 유치원으로 돌아가며 너무나 단호히 함께 일하던 파트너들에게 이제 강의 접었다며 인사하고 마무리를 한 터라 처음 프리랜서를 선언하며 시작했을 때와 다를 바가 없었다.

'하~ 하나님! 저 열심히 사는데 왜? 자꾸 편할 만하면! 잘 되던 일 멈추게 하시고!! 욕심 접고 소박하게 살려고 하는데 또 그렇게 저를 힘들게 외롭게 하시더니!! 리더에게 믿고 순종하라 하셔서 그렇게 했는데!! 이게 뭐예요? 왜? 이렇게 힘들어요? 결혼하고 지금까지 몇 년인줄 아세요? 이제 저 풀어주실 때도 되지 않았어요? 지금이 무슨 구약시대도 아니고!!! 40년 광야세월 채우실 작정이세요?' 오랜 세월 힘들게 사는 나를 보며 속상해 하는 고등학교 친구를 붙잡고 속 시원하게 이야기 할 수도 없었다. 교회 권사님을 붙들고 하소연 할 수도 없었다.

"그러니까 눈을 좀 낮춰! 꼭 아파트에서 그 월세 내면서 살아야돼?"

"집사님! 매일 말씀 묵상은 해요? 우리는 하나님 사람이기 때문에 말씀과 기도가 끊어지면 안 돼요! 나만의 장소를 만들어 매일 1시간 아니 30분 만이라도 묵상하고 기도해 보세요. 기도가 아직 안 차서 그래요. 기도가 차면 반드시 응답 하실 거예요."

"그 일 진짜로 기도응답 받고 시작한 거 맞아요?"

. . .

내 엄마는 내가 지쳐 힘없이 현관문을 열고 들어가 피곤에 지쳐 잠
드는 모습만으로도 밤새 걱정하시느라 잠을 설치시고 며칠 몸살을 앓
으신다. 내가 힘들다는 이야기가 나오면 그 날부터 내 몇 배의 고민으
로 얼굴빛이 흙빛이 되어가곤 하셨다. 어느 날 부턴가 집 현관문을 열
고 들어가며 입을 닫게 되고, 집으로 가는 길이 다시 출근 길 같은 귀
가가 되어졌다.

그냥 나의 원망과 한숨은 그저 위로 위로!!

'내 아버지라면서요!!!!!! 네????? 이런 아버지가 어디 있어요!!!!!!오!!'

아무도 없는 예배당에서, 집으로 들어가기 전 으슥한 공원 벤치에
서 하늘만 바라보며, 지방 출장을 다녀오다가 뜬금없이 흐르는 눈물
을 멈추러 들어간 쉼터에서 가슴 쥐어뜯으며 울며 원망을 퍼 부었다.
그렇게 하루 하루를 버.텼.다. 내가 불안해서, 내가 욕심이 나서, 성급
히! 움직여 놓고는 이제 발을 뗄 힘이 없어지니 '저도 모르겠어요. 이

제. 아버지가 앞장서세요. 전 그 뒤만 따라 갈게요.' '저 회사 그만 둬야 할 것 같아요. 어떻게 해요 아버지? 단호히 인사하고 외부 강의 안 한 다고 한 터라 강의를 다시 시작하는 것도 쉽지 않을 것 같은데 ...'

'내가 곧 새 일을 행하리니 사막에 강을 내고, 광야에 길을 내리라.' (이사야 43:19)

'잉? 그렇지만 ...'

내가 계산하는 현실과 내 가슴에 아버지가 주시는 감동은 거의 매 번 달랐다. 이제 내가 먼저 발 떼지 않겠다고, 흐름에 따르겠다고 다 짐 했지만 나의 계산과 다른 기도 응답에 나 조차도 이게 응답인지, 내가 생각하는 이상적인 현실을 떠올리는 것인지 혼돈스러웠다. 그렇 지만 나의 흔들림에도 하나님은 나의 삶 속에서 늘 나의 길을 예비하 고 계셨다.

선생님은 화장실도 안 가는 줄 알던 어리숙한 중학교 1학년 시절. 난 체육선생님의 끈질긴 권유에도 불구하고 육상부를 하지 않았다. 당시 운동부 친구들은 교실에서 볼 수가 없었다. 검게 그을린 친구가 교실에 앉아있는 날은 밖에 비가 오나? 창밖을 내다보곤 했다. 지난 시험에서 분명 체육을 100점 받았는데 방학식 날 받아 든 성적표에 체육은 '가'였다. 나중에 알고 보니 실기점수가 0점이었다. 그럼에도 불구하고 2학기에도 교실을 꿋꿋이 지키는 나를 선생님은 포기하셨다. 그렇게 지키던 교실 공부의 자리를 중3 고등학교 원서를 쓰기 전 날 "지혜야. 동생은 나중에 한 집안의 가장이 되어야 하는데 대학은 가야 하지 않겠니?" 라는 엄마의 한 마디에 상고에 진학을 했다. 인문계 고등학교 외에는 생각해 보지도 않았던 상고 진학에 부모님도 눈치 채지 못했던 공부 안하기라는 소심한 반항으로 고등학교 시절을 보낼 때 고3 담임선생님을 통해 대학진학이라는 길을 내 앞에 놓아 주셨다. 공부는 이제 끝났다며 취직만 생각하던 나를 유치원 교사의 길로 들어서게 했다. 유아교육의 사명감을 가지고 교사들의 지속적 성장을 돕는 원장님 유치원으로 발길을 닿게 하셔서 대화법을, 품성훈련을, 리더십을 공부하고 훈련하게 하셨다. 강의장 문을 열고 들어서면 눈빛에서 압도되어 버리는 보험영업의 선수들 앞에서 강의하게 하셔서 능청스러움과 유연성을 담대함을! 훈련하게 하셨다. 뒤 돌아보면 너무나 힘들고, 아프고, 휴~ 좀 크게 멀리 내다보고 조급하지 않게 일 할 걸~ 하는 일들이 다 나열하기 힘들 정도로 많다. 내가 발등에서 눈을 드니 내 발 앞에 자갈밭이 보인다. 조심조심 잘 그 길을 지난다. '휴~ 한 숨 돌렸네.'

이젠 자욱한 안개가 내 눈 앞에 가득하다. 앞이 안 보인다. '자 차분히! 천천히! 워~ 워.' 안개 사이로 길이 보인다. 천천히 그 길을 따라 가다보니 정류장이 보인다. '이제 편하게 버스 타나?' 응? 길이 없는데? 정류장 한 쪽 구석에 낫이 보인다. '어? 낫! 위험한데! 에잇.' 손에 물집이 잡히고, 팔이 후들거린다. 이제 더 이상 앞으로 나갈 힘이 없어요. 그 때 잠시 멈췄어야 했다. 조급함을 진정시켰어야 했음을 이제 본다. 다시 지나온 그 자갈밭을 보니 자갈밭 조금 지나 옆으로 난 편안한 길이 보인다. 그 길을 지나 잠시 안개 앞을 서 있다 보면 아침 해가 떠오름과 함께 서서히 안개가 사라진다. 그럼 낫이 필요 없는 버스의 노선과 안내판이 보인다.

'에잇! 시간 낭비 에너지 낭비 였구나 . . .' 좌절하지 않아도 괜찮다.

그 길을 가 봤기 때문에 조금 더 고개를 들면 편안한 길이 보인다는 것을 알았다. 그 길을 조급히 지나와 보니 안개 속을 걷는 사람이 한 걸음 뗄 때마다 얼마나 용기 내어 걸음을 걷는지 알게 되었다.

이제는 조금 더 흐름을 따르며 살려고 한다. 왼쪽으로 굽이쳐 흐르는 물살 위에서 오른쪽으로 돌지 않는 배를 원망할 것이 아니라 왼쪽으로 굽이치는 물결 속에서 내가 오른쪽에 닿았을 때 어떻게 안전하게 육지에 내릴 수 있을지를 준비하다보면 억지로 키를 잡느라 한껏 힘주었던 어깨에 힘이 빠지게 된다. 배는 물의 흐름을 따라 둥실 떠내려간다. 키를 꼭 부여잡고 키만 보던 눈을 드니 앞에 물길이 이제 보이기 시작한다. 저 만치 앞에 목적지가 보인다. 한 두 번 바위에 부딪히는 물결에 놀라 내릴 곳을 놓치기도 한다. 목적지를 지나쳐 조바심이 난다. 다음 목적지에서 서둘러 내려 아까 내렸으면 의미 없을 길을 거슬러 올라간다. 거슬러 올라가는 길에 시원한 바람이 산들 분다. 잠시 나무그늘에 기대어 눈을 감아본다. 이 쉼이 발걸음을 더 가볍게 한다. 저기 이제 지나온 목적지가 보이는 듯하다.

내가 원하는 그 목적지에 내가 원하는 그 시간에 못 내렸더라도 내 삶이 실패가 아니라는 것을 이제야 알았다. 조금 더 지나 거슬러 올라간 만큼의 시간이 나의 성급함에 브레이크를 달아준다.

거슬러 올라가지 않았으면 모를 그 길에서 만난 모진 바람도 그 속에 들꽃향 두어가지 품었었구나 . . . 알게 한다.

마음 급해 서두르던 오르막 바위 앞에서 한숨 짓고서야 고개를 들어 사방을 살핀다. 가장 빠른 길로 가겠다 욕심내 앞서 가더니 험한 길, 웅덩이 피하느라, 돌덩이 치우느라 진이 빠진다.

아! 모르겠어요. 아버지가 어디 앞장 서 보시던가요?

아니죠 아니죠 그리로 가면 더 늦다니까요?

중간에 쉴 시간이 어디있어요~ 빨리 다시 출발해요!

결국 내 욕심이 다시 앞장을 선다.

헉 헉 헉 . . .

앞으로 계속 간다고 더 빨리, 더 멀리 가는 게 아니였다는 것을 이제야 깨닫는다. 그늘에 앉아 잠시 즐긴 낮잠이 아픈 발을 가라앉혀 성큼 성큼 기분 좋은 발걸음을 떼게 한다는 것을.

흐름따르기 . . .

아버지 . . . 어느 길로 갈까요?

마치며

　지금도 여전히 나는 나약하다. 가끔은 우울함과 무기력함이 나를 둘러싸 침대 밖으로 나오기가 두렵다. 아무것도 이루어 놓은 것이 없는 것 같아 허무하기도 하다. 나만 이렇게 종종거리는 것 같아 부아가 날 때도 있다. 내 심장에 새겨진 "엄마는 노력하고 계시잖아요~" 큰아이의 이 말이 없었다면 수없이 멈춰 섰던 자리에 팠던 땅굴 속으로 더 깊이 깊이 들어갔을 것이다. 이 세상을 살아가면서 멈춰선 그 자리가 나의 어두운 땅굴이 아닌 터널로 만들어준 아이들이 함께해서 감사하다. 그 아이들과 함께 할 수 있도록 허락하신 주님 감사합니다. 나는 지금도 가끔 . . . 여전히 땅을 판다. 뒤를 돌아보며 한숨도 짓는다. 하지만 괜찮다. 뒤돌아보면 찌질한 나를 극복한 내가 미소지어준다.

지친다는 건 내가 움직였다는 증거이기도 한거다! 잠시 나에게 휴식을 허락한다. 그리고 다시 아래도 뒤도 아닌 앞을 바라본다. 여전히 갈 길이 멀다.

아이들이 커가는 만큼 나도 나이 들어간다. 이 나이까지 뭐했지?

괜찮다!! 나도 처음 살아보는 세상이다. 그럴수도 있다!

아이들이 커가는 만큼 나도 나이 들어간다.

둘이 버는 옆집도 별반 다르지 않다.

괜찮다!! 나도 처음 살아보는 세상이다.

혼자서 아이를 키우느라 아이가 외로워 보이는가?

외동이를 키우는 옆집 부모도 그런 생각을 한다.

우리 아이들만 서로 아옹 다웅 하는 것 같은가?

아랫집 윗집 형제 자매 남매들도 머리채 감아쥐고 코피를 터뜨리며 싸우기도 한다.

그럴 수도 있다! 특별한 가정이라서가 아니다. 처음 삶을 살다보니 좌절도, 성공도 낯설기 때문이다. 그러면서 우리는 성장하고 있다. 눈을 감는 그날 까지 우리는 성장해 갈 것이다.

지금 내가 혼자서 키워서? 내가 모자라서?

아니다. 처음 가는 길은 누구나 어렵다.

잘 하고 있는 거예요! 엄빠!

잘 하고 있는 거예요. 엄빠!

2021년 6월 10일 초판 1쇄 인쇄
2021년 6월 15일 초판 1쇄 발행

지은이 | 윤 지 혜
그린이 | 윤 득 희
펴낸이 | 안 우 리
펴낸곳 | 스토리하우스

등 록 | 제 324-2011-00035호
주 소 | 서울특별시 종로구 자하문로 301
전 화 | 02-3217-0431
팩 스 | 0505-352-0431
이메일 | chinanstory@naver.com
I S B N | 979-11-85006-31-4 03040

값: 12,800원